Week 01

Contents		Page	Date	Check
Day 01	Part1 사람 사진 빈출 어휘	02	월 일	☐
Day 02	Part5,6 명사 ①	14	월 일	☐
Day 03	Part5,6 명사 ②	28	월 일	☐
Day 04	Part5,6 명사 + 명사 콜로케이션	42	월 일	☐
Day 05	Part7 기출 동의어 ①	54	월 일	☐
Week 01 실전 TEST		64	월 일	☐

1 wear

• **~을 입다, 착용하다 (상태)**

기출 **wearing** sunglasses 선글라스를 착용한 상태이다
wearing a hat 모자를 착용한 상태이다

만점 TIP

• **put on**: 착용하는 '동작'을 묘사할 때 사용되는 표현으로, 의복이나 장갑, 안경 등을 착용한 상태인 사진 문제에서 오답으로 자주 나옵니다.
• **try on**: '~을 착용해보다'라는 뜻으로, 상점 등에서 헤드폰이나 신발 등을 착용해보는 사진을 묘사할 때 쓰입니다.

putting on a jacket　　trying on shoes

2 hold

• **~을 잡다, 들다**

기출 **holding** a cup 컵을 들고 있다
holding onto a railing 난간을 붙들고 있다

만점 TIP

• 들고 있거나 가지고 있는 모습을 나타내는 동사
carry ~을 가지고 있다, ~을 나르다
grab / grasp ~을 움켜쥐다

3 pour

• **~을 붓다, 따르다**

기출 **pouring** some liquid into a cup
컵에 액체를 따르고 있다
pouring a drink into a glass
유리잔에 음료를 따르고 있다

만점 TIP

• pouring 다음에 coffee, drink, beverage, water 등이 주로 나오며, 이때 전치사 into가 쓰입니다.

4 leaning against/ over/on

● ~에 기대다, 몸을 기울이다

기출 leaning against a wall 벽에 기대어 있다

leaning over a railing 난간 쪽으로 몸을 기울이고 있다

leaning on his elbow 팔꿈치에 기대어 있다

만점 TIP

・기대고 있는 모습을 묘사할 때 동사 rest(기대다, 받치다)를 쓰는 정답도 종종 출제됩니다.

resting against a railing 난간에 기대어 있다

5 kneel

● 무릎을 꿇다

기출 kneeling (down) on the floor

바닥에 무릎을 꿇고 있다

만점 TIP

・crouch: 몸을 웅크리고 있는 모습을 묘사할 때 쓰이며, 최근 시험에 정답으로 등장하였습니다.

6 push

● ~을 밀다

기출 pushing a wheelbarrow 외바퀴 손수레를 밀고 있다

pushing a cart 카트를 밀고 있다

만점 TIP

・pull: 여행가방을 끌고 가는 모습을 묘사할 때는 동사 pull(~을 끌다)을 써서 pulling a suitcase라고 표현합니다.

7 wait

● 기다리다

기출 **waiting** in line 줄 서서 기다리고 있다
waiting for a train 기차를 기다리고 있다

만점 TIP

• waiting in line이 압도적으로 자주 출제되며, 기차역이나 공항 등에서 사람들이 대기하는 모습을 묘사할 때 waiting area(대기실)도 종종 등장합니다.

8 examine

● ~을 자세히 들여다보다

기출 **examining** some clothing
옷을 자세히 들여다보고 있다

examining a document
문서를 자세히 들여다보고 있다

만점 TIP

• 자세히 들여다보는 모습을 묘사하는 표현
inspecting an engine 엔진을 들여다보고 있다
studying a drawing 그림을 들여다보고 있다

9 wipe

● ~(의 표면)을 닦다

기출 **wiping** a countertop 카운터 윗면을 닦고 있다
wiping the table 테이블을 닦고 있다

만점 TIP

• 닦는 동작을 묘사하는 표현
washing a window 창을 닦고 있다
cleaning a door 문을 닦고 있다
clearing off a windshield 자동차 앞유리를 닦아내고 있다
polishing the floor 바닥에 윤을 내고 있다

10 face

● ~을 향하다

> 기출 **facing** each other 서로 마주보고 있다
> **facing** a shelving unit 선반 쪽을 향해 있다

> 만점 TIP
> • facing away from each other는 서로 등지고 있는 모습을 묘사합니다.

11 bend

● 몸을 구부리다

> 기출 **bending** over a table 테이블 위로 몸을 구부리고 있다
> **bending** down 아래쪽으로 몸을 구부리고 있다

> 만점 TIP
> • 매우 자주 출제되는 표현이므로 꼭 알아 두세요.

12 gather

● 모이다, ~을 모으다

> 기출 **have gathered** in a circle 원형으로 모여 있다
> **be gathered** around a desk 책상 주위에 모여 있다

> 만점 TIP
> • 자동사(모이다), 타동사(~을 모으다) 둘 다 쓰이기 때문에 능동태인 have gathered, 수동태인 be gathered 두 가지 형태 모두 잘 나옵니다.

13 be seated

● 착석하다, 앉아 있다

> 기출 **be seated** in an outdoor dining area
> 야외 식사 구역에 앉아 있다
> **be seated** across from one another
> 서로 마주 보고 앉아 있다

> 만점 TIP
> • 앉아 있는 모습을 묘사할 때 동사 sit(앉다)를 쓰는 정답도 종종 출제됩니다.
> **sitting** on a bench 벤치에 앉아 있다

¹⁴ purchase

~을 구매하다

기출 purchasing some groceries 식료품을 구매하고 있다
purchasing some plants 식물을 구매하고 있다

만점 TIP

• 물건을 구매하고 있는 모습의 사진에서 paying for some items, paying for one's purchase, making a payment 등도 정답으로 등장합니다.

¹⁵ place

~을 (…에) 놓다, ~을 (…에) 위치시키다

기출 placing an item on a shelf 선반에 물건을 놓고 있다
placing a box on a cart 수레에 상자를 놓고 있다

만점 TIP

• 동사 put도 같은 의미로 쓰입니다.
putting an item into a basket 바구니 안에 물건을 넣고 있다

¹⁶ load

~을 싣다, ~에 싣다

기출 loading some items into a vehicle
차량에 물건들을 싣고 있다
loading a cart with boxes
수레에 상자를 싣고 있다

만점 TIP

• 짐을 내리는 동작은 동사 unload를 써서 unloading materials from a vehicle(차량에서 물건들을 내리고 있다)처럼 표현합니다.

¹⁷ distribute

~을 나눠주다, 배부하다

기출 distributing papers 서류를 나눠주고 있다

만점 TIP

• hand out은 distribute와 같은 뜻으로 쓰입니다.
handing out brochures 브로슈어를 나눠주고 있다
• 동사 hand(~을 건네다)를 함께 알아 두세요.
handing an item to a customer 손님에게 물건을 건네고 있다

18 look in(to)

~을 들여다보다

> **기출** **looking in a bag** 가방 안을 들여다보고 있다
>
> **looking into a display case**
> 진열장 안을 들여다보고 있다

만점TIP

· 동사 look(보다)은 무엇을 보는 동작을 나타내며, 뒤에 주로 「전치사 +
보고 있는 대상」이 옵니다.
looking at a magazine 잡지를 보고 있다
looking out a window 창밖을 보고 있다

19 trim

~(나뭇가지 등)을 다듬다

> **기출** **trimming some bushes** 관목을 다듬고 있다
>
> **trimming a tree** 나무를 다듬고 있다

만점TIP

· 나무가 등장하는 사진에서 A tree is being trimmed.가 오답으로 잘
나옵니다.
· 최근 시험에서는 A bush is being trimmed.가 정답으로 나온 적 있습
니다.

20 climb

~을 오르다

> **기출** **climbing a ladder** 사다리를 오르다
>
> **climbing some stairs** 계단을 오르다

만점TIP

· 계단 사진에 잘 나오는 표현
steps = stairs = staircase 계단
going up a staircase 계단을 올라가고 있다
going down some stairs 계단을 내려가고 있다

21 board

● ~을 타다, ~에 오르다

기출 **boarding** an airplane 비행기에 오르고 있다
boarding a train 기차에 오르고 있다

만점 TIP

• getting into a car(차에 타다), getting on a boat(보트에 오르다)도
함께 알아 두세요.

22 sweep

● ~을 (긴 빗자루로) 쓸다

기출 **sweeping** a walkway 보도를 쓸고 있다
sweeping the floor 바닥을 쓸고 있다

만점 TIP

• 대걸레로 바닥을 닦는 동작은 동사 mop을 써서 표현합니다.
mopping the floor 대걸레로 바닥을 닦고 있다

23 prepare

● ~을 준비하다

기출 **preparing** some food 음식을 준비하고 있다

만점 TIP

• 요리하는 여러 가지 모습(cooking food, cutting vegetables 등)을
preparing some food라고 묘사하는 정답이 종종 나옵니다.

24 step

● 발을 내딛다

기출 **stepping** onto a dock 부두에 발을 내딛고 있다
stepping down from a boat 보트에서 내리고 있다

만점 TIP

• 발을 내딛어 올라설 때는 stepping onto, 발을 떼서 내릴 때는
stepping off, stepping down from의 표현을 씁니다.

25 enter

● ~에 들어가다

기출 **entering** a building 건물로 들어가고 있다

26 stroll

● 천천히 거닐다

기출 **strolling** along a path 오솔길을 따라 걷고 있다

strolling side by side 나란히 걷고 있다

만점 TIP

· 걷고 있는 동작과 관련하여 walking along(~을 따라 걷고 있다), walking toward(~쪽으로 걷고 있다) 등의 표현도 자주 출제됩니다.

27 adjust

● (장치 등을) 조정하다, 조절하다, 맞추다

기출 **adjusting** some equipment
장치를 조정하고 있다

adjusting the window shade
창문 가리개를 조정하고 있다

adjusting a camera 카메라를 조정하고 있다

28 arrange

● ~을 정렬하다, 정리하다

기출 **arranging** products on a shelf
선반 위에 제품들을 정리하고 있다

만점 TIP

· 상점 진열대의 물건들을 정리하고 있는 모습의 사진이 자주 출제되는데, 이때 물건들을 products, materials, items, merchandise, goods 등으로 지칭하며, 모두 시험에 자주 출제됩니다.

29 **lift**

● **~을 들어올리다**

> **기출** **lifting** a box 상자를 들어올리고 있다
> **lifting** some furniture 가구를 들어올리고 있다

> **만점 TIP**
> · 물건을 줍거나 주워드는 동작을 묘사할 때는 picking up을 씁니다.

30 **rest**

● **휴식을 취하다(= relax)**

> **기출** **resting** on the steps 계단 위에서 쉬고 있다

> **만점 TIP**
> · rest는 '~을 …에 기대게 하다, ~을 …에 두다'라는 뜻으로도 출제됩니다.
> **resting** arms on a counter 팔을 카운터에 기대고 있다

31 **cross**

● **~을 건너다**

> **기출** **crossing** the street 길을 건너고 있다

> **만점 TIP**
> · 길을 건너는 모습을 묘사할 때 길에 있는 사람을 pedestrian이라고 합
> 니다. 자주 나오는 명사이니 꼭 알아 두세요.

32 **tie**

● **~을 묶다, 매다**

> **기출** **tying** his shoelaces 신발끈을 매는 중이다
> **tying** an apron 앞치마를 매는 중이다

33 reach

● 손을 뻗다

기출 **reaching** for a book 책에 손을 뻗고 있다

reaching into a drawer 서랍 안으로 손을 뻗고 있다

34 point at/to

● ~을 가리키다

기출 **pointing** at a screen 화면을 가리키다

pointing to a map 지도를 가리키다

만점 TIP

• 가리키는 대상 앞에 전치사 at 또는 to를 쓰는데, 둘 사이에 의미상 차이
는 없습니다.

35 dine

● 식사하다

기출 **dining** at a restaurant 식당에서 식사 중이다

만점 TIP

• '식사하다'는 동작을 having a meal, eating 등으로 표현할 수 있습니다.
• 마시는 동작을 묘사할 때 drinking 외에 sipping(조금씩 마시다)도 자
주 출제됩니다.
• '식사하는 사람'을 diner라고 합니다.

36 remove

● ~을 꺼내다, 빼다

기출 **removing** an item from a shelf
선반에서 물건을 꺼내고 있다

removing mail from a mailbox
우편함에서 우편물을 꺼내고 있다

만점 TIP

• 옷이나 모자, 안경 등을 벗는 동작을 묘사할 때도 동사 remove를 씁니다.
removing a hat 모자를 벗는 중이다

37 stand

서 있다

> 기출 **standing** on a platform 플랫폼에 서 있다

> **만점 TIP**
> · 인물이 서 있는 위치를 나타내는 전치사구를 잘 들어야 합니다.
> next to a chair 의자 옆에   behind a counter 카운터 뒤에
> near a building 건물 근처에 in front of a desk 책상 앞에

38 pose

포즈를 취하다

> 기출 **posing** for a photo
> 사진을 찍기 위해 포즈를 취하고 있다

> **만점 TIP**
> · 이 모습을 '사진 찍히고 있다'라고 표현할 수도 있겠죠.
> Some women are being photographed by a man.
> 남자가 여자들의 사진을 찍고 있다.

39 work

작업하다

> 기출 **working** on a machine 기계로 작업하고 있다
> **working** behind a counter
> 카운터 뒤에서 작업하고 있다
> **working** in a garden 정원에서 작업하고 있다

> **만점 TIP**
> · 기계를 만지는 모습, 컴퓨터로 일하는 모습, 공사장이나 정원 등에서 일
> 하는 모습 등을 모두 work(작업하다)로 표현할 수 있습니다.

40 pack

짐을 싸다, 가방을 꾸리다

> 기출 **packing** a suitcase 여행가방을 싸고 있다
> **packing** merchandise into boxes
> 물건을 상자에 포장하고 있다

> **만점 TIP**
> · '짐을 풀다'는 동사 unpack을 써서 표현합니다.

DAILY QUIZ

🎧 음원을 듣고 사진을 바르게 묘사한 문장을 골라보세요.

1

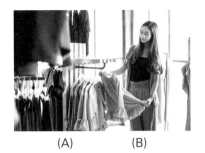

(A)　　　　(B)

2

(A)　　　　(B)

3

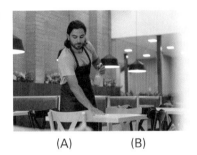

(A)　　　　(B)

4

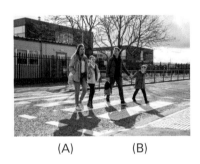

(A)　　　　(B)

5

(A)　　　　(B)

6

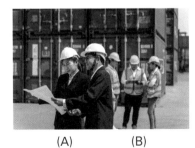

(A)　　　　(B)

정답 1 (B) 2 (B) 3 (A) 4 (B) 5 (B) 6 (A)

13

1 **delivery** • 배송, 배달

deliver v. 배송하다, 배달하다

기출 allow three days for **delivery**
배송에 3일의 여유를 주다

the launch of a unique **delivery** service
특별한 배송 서비스의 출시

When ordering by phone or through our app, please
allow 30 to 45 minutes for ------- of your pizza.

(A) delivery   (B) method

2 **equipment** • 장비, 기기

equip v. 장비를 갖추다
equipped a. (장비를) 갖춘, 장착
된(with)

기출 laboratory safety **equipment**
실험실 안전 장비

heavy earthmoving **equipment**
토목 중장비

Assembly line workers at AMJ Manufacturing are
trained to use safety ------- in the factory.

(A) equipment   (B) treatment

3 **resource** • 자원, 재원

resourceful a. 자원이 풍부한, 재
치있는

기출 an invaluable **resource** for
~에게 매우 소중한 자원

Taco Queen Inc. supplies all the ------- that franchise
owners need to set up a restaurant.

(A) descriptions   (B) resources

4 addition

add v. 추가하다, (말을) 덧붙이다
additional a. 추가적인, 여분의
additionally ad. 게다가

- 추가 (인원), 추가물

  기출 a valuable **addition** to
  ~에게 소중한 충원 인력

  a welcome **addition** to the collection
  소장품에 대한 반가운 추가물

  The ------- of customer reviews to business Web sites can help boost a company's reputation.

  (A) comment   (B) addition

5 applicant

- 지원자, 신청자

  기출 Most **applicants** possess ~.
  대부분의 지원자들은 ~을 가지고 있다.

  business loan **applicants**
  사업 대출 신청자들

  Most ------- have at least three years of experience in the fashion industry.

  (A) consumers   (B) applicants

6 requirement

require v. 요구하다, 필요로 하다

- 요구 조건, 자격요건, 필요

  기출 a **requirement** for the position
  그 직책의 요구 조건

  meet the **requirements** for
  ~에 대한 자격요건에 부합하다

  Knowledge of modern graphic design software is a ------- for the online content editor position.

  (A) requirement   (B) replacement

7 candidate
● 지원자, 후보자

기출 qualified **candidates** from around the world
전 세계에서 모인 훌륭한 지원자들

external **candidates**
외부 지원자들

Last summer, numerous highly promising -------
applied for the intern program at our company.

(A) supporters   (B) candidates

8 employment
employ v. 고용하다
employee n. 직원

● 채용, 일자리, 취업

기출 recent inquiry about **employment** with
~에서 진행하는 채용에 대한 최근 문의

currently look for **employment**
현재 일자리를 찾는 중이다

Margaret Raines recently moved to Los Angeles and
is actively seeking ------- in the city.

(A) employment   (B) registration

9 approval
approve v. 승인하다

● 승인

기출 final **approval** from
~로부터의 최종 승인

receive **approval** to hire new employees
신입직원들을 고용하도록 승인을 받다

Formal ------- from the accounting department is
necessary before employees may use a corporate
credit card.

(A) approval   (B) decision

10 productivity

produce v. 생산하다
productive a. 생산적인

● 생산성

기출 increase employee **productivity**
직원 생산성을 높이다

improve the designer's **productivity**
디자이너의 생산성을 향상시키다

Since installing chat programs on the office computers, Ryder Corporation has seen a worrying decrease in staff -------.

(A) tendency   (B) productivity

11 proposal

● 제안(서)

기출 write a business **proposal**
사업 제안서를 작성하다

detailed **proposal**
상세한 제안서

Mr. Lowe's ------- for an expansion of the city library was accepted by the city's planning department.

(A) proposal   (B) approval

12 facility

● 시설(물)

기출 sign up for a guided tour of the **facility**
가이드가 안내하는 시설 견학을 신청하다

be welcome to use company **facilities**
회사 시설물을 이용하는 것을 환영하다

In addition to around 250 stores, Premier Mall houses a cinema and several other -------.

(A) facilities   (B) conventions

13 payment

pay v. 지불하다

• 지불(금)

기출 avoid delays in **payment**
지불 연체를 피하다

payment of the rent for
~에 대한 임대료의 지불

------- of the security deposit should be made when checking in to your room at the Portman Hotel.

(A) Renovation   (B) Payment

14 opportunity

• 기회

기출 have the **opportunity** to do
~할 기회를 가지다

a career **opportunity**
채용 기회

Don't miss this **opportunity**.
이 기회를 놓치지 마십시오.

After being enrolled in the advanced marketing workshop, Mike thanked his supervisor for the ------- to broaden his skill set.

(A) event   (B) opportunity

15 procedure

proceed v. 진행하다, 나아가다

• 절차, 과정

기출 follow the standard **procedures**
표준 절차를 따르다

The following **procedures** are to do ~.
다음의 과정들은 ~하기 위한 것이다.

All kitchen staff must follow the proper ------- when preparing restaurant orders.

(A) procedures   (B) qualifications

16 effort

effortlessly ad. 쉽게, 힘들이지 않고

● 노력, 수고, 시도

기출 in an **effort** to do
~하려는 노력의 일환으로

ongoing **effort**
계속되는 수고

In an ------- to reduce operating expenses, we are changing our current plastic packaging to more affordable paper boxes.

(A) effort   (B) account

17 instruction

instruct v. 알려 주다, 지시하다

● 안내, 설명(서), 지시

기출 provide step-by-step installation **instructions**
단계적인 설치 안내를 제공하다

find detailed **instructions** on
~에 대한 상세한 설명서를 찾다

Before using the scientific calculator, please read the detailed ------- printed on the back of the box.

(A) qualifications   (B) instructions

18 maintenance

maintain v. 유지하다, 관리하다

● 유지(보수)

기출 undergo a routine[regular] **maintenance**
정기적인 유지보수를 받다

negotiate a contract for **maintenance**
유지보수 계약을 협상하다

Triton Engineering agreed to a five-year contract for ------- of the elevators in the Apex One office building.

(A) maintenance   (B) application

19 promotion

- 승진, 홍보 (행사), 촉진

기출 offer a promotion
승진을 제안하다

This promotion ends on May 31.
이 홍보 행사는 5월 31일에 끝난다.

Bramble Bistro is running a ------- that allows its diners to order a free dessert with any main course dish.

(A) destination   (B) promotion

20 merchandise

- 상품

기출 purchase discounted merchandise
할인된 상품을 구매하다

merchandise displayed on our Web site
저희 웹 사이트에 전시된 상품

Most ------- displayed near the store entrance is discounted as part of our Winter Sale.

(A) merchandise   (B) retails

만점 TIP
· 명사 merchandise는 셀 수 없는 명사로 단수 동사와 함께 사용된다.

21 registration

register v. 등록하다

- 등록

기출 advanced registration
사전 등록

registration process
등록 과정

If you join our gym during the advanced ------- period, you will receive a 25 percent discount on the monthly membership fee.

(A) organization   (B) registration

22 advancement

advanced a. 상급의, 진보한, 첨
단의
advance n. 전진, 진보
v. 전진하다, 진보하다

● 승진, 발전, 향상

기출 **advancement** to management positions
관리직으로의 승진

the widespread **advancement** in
~ 부문의 광범위한 발전

The HR manager has compiled a list of six employees
who would be suitable for ------- to supervisor roles.

(A) advancement　　　(B) transmitting

23 responsibility

responsible a. 책임이 있는

● 책임, 직무, 담당 업무

기출 It is A's **responsibility** to do ~.
~하는 것은 A의 책임이다.

the description of your new **responsibilities**
귀하의 새 직무에 대한 설명

It is each passenger's ------- to secure their personal
belongings when leaving the tour bus.

(A) permission　　　(B) responsibility

24 replacement

replace v. 교체하다, 대신하다

● 교환(품), 교체, 후임

기출 request a refund or **replacement**
환불이나 교환을 요청하다

train one's **replacement**
후임을 교육시키다

Within the one-year warranty period, customers
may request a refund or ------- for any Tarsus laptop
computer.

(A) receipt　　　(B) replacement

25 assistance

assistant n. 조수, 보조

● 지원, 도움

기출 give financial **assistance** to
~에게 재정적 지원을 하다

Our organization provides valuable financial ------- to a wide range of start-up businesses.

(A) assistance   (B) association

26 agreement

agree v. 동의하다
agreeably ad. 흔쾌히, 기분 좋게

● 계약, 합의, 동의

기출 negotiate a long-term **agreement** with
~와 장기 계약을 협상하다

Ferny Fruit Farm has negotiated mutually beneficial ------- with several shipping companies.

(A) agreements   (B) effects

27 period

periodic a. 정기적인
periodically ad. 정기적으로

● 기간, 시기

기출 during the promotional **period** 판촉활동 기간 동안
for a **period** of one year 1년의 기간 동안

The financial audit of Herdmont Investment will be conducted over a ------- of three weeks.

(A) period   (B) session

28 identification

identify v. 찾아내다, 확인하다
identifiable a. 알아볼 수 있는

● 신분증

기출 a valid form of **identification**
유효한 신분증

Make sure one's **identification** is visible.
~의 신분증이 확실히 보이도록 해주십시오.

Attendees are required to present valid photo ------- to claim their tickets at the box office.

(A) identification   (B) specification

29 **property**

- 재산, 대지

  기출 other company **property**
  그 밖의 회사 재산

  purchase some **property**
  대지를 약간 매입하다

  Laptops, flash drives, and other company ------- must
  be returned when employees leave the company.

  (A) material   (B) property

  만점 TIP
  - 명사 property에는 '특성, 속성'의 의미도 있지만 토익에서는 이 의미로
    거의 출제되지 않는다.

30 **advice**

advise v. 충고하다, 조언하다

- 충고, 조언

  기출 accurate and timely **advice**
  정확하고 시기적절한 충고

  hear specific **advice** from
  ~로부터 구체적인 조언을 듣다

  The Greenacre Landscapers Convention gives
  attendees a chance to hear expert -------.

  (A) case   (B) advice

31 **preference**

prefer v. 선호하다
preferable a. 더 좋은
preferred a. 선호하는

- 선호(하는 것), 취향

  기출 an increasing **preference** for online shopping
  온라인 쇼핑에 대한 증가하는 선호

  indicate one's food **preference**
  ~의 음식 취향을 표시하다

  Video game players aged between 15 and 25 are
  displaying a rising ------- for mobile gaming.

  (A) amount   (B) preference

32 **expertise**

expert n. 전문가
a. 전문적인

● 전문 지식, 전문 기술

기출 require a great deal of mechanical **expertise**
많은 기계적인 전문 지식을 요구하다

have the technical **expertise**
기술적 전문 지식을 지니다

Mr. Reynolds admitted that he does not have the management ------- to supervise the new branch office.

(A) expense　　　　　(B) expertise

33 **condition**

conditional a. 조건부의

● 상태, 조건

기출 in excellent **condition**
훌륭한 상태로

in its original **condition**
원래와 같은 상태로

All items sold through our online auction are in nearly-new ------- and come with a 30-day money back guarantee.

(A) location　　　　　(B) condition

34 **option**

optional a. 선택적인

● 선택지, 선택(사항)

기출 have an array of **options** to choose from
~에서 선택할 수 있는 다수의 선택지가 있다

provide A with several **options** for
~에 대한 몇 가지 선택사항들을 A에게 제공하다

The east coast of the island provides tourists with numerous ------- for shopping and sightseeing.

(A) receptions　　　　　(B) options

35 **inquiry**

inquire v. 묻다

- **문의, 질의**
  - **기출** address the customer **inquiries**
    고객 문의를 해결하다

  I am responding to one's **inquiries** about ~.
  저는 ~에 대한 문의에 답변드리고 있습니다.

  Because we want to provide excellent customer service, all ------- must be handled in a prompt manner.
  (A) inquiries   (B) positions

36 **statement**

state v. 말하다, 진술하다, 명시하다

- **성명, 진술, 명세서**
  - **기출** in a **statement** given yesterday
    어제 주어진 성명에서

  In a ------- released this morning, the CEO of Graxley Inc. outlined the firm's national recruitment program.
  (A) performance   (B) statement

37 **suggestion**

suggest v. 제안하다, 암시하다

- **제안(사항), 제시, 암시**
  - **기출** collect **suggestions** from
    ~로부터의 제안사항들을 취합하다

  suggestion to improve the service
  서비스를 향상시키자는 제안사항

  The council has posted an online poll to gather ------- on the best use for the land opposite Skyway Stadium.
  (A) suggestions   (B) attendees

38 permission

permit n. 허가증
permissive a. 허용하는, 관대한

● 허가, 승인

기출 obtain one's **permission**
~의 허가를 받다

without **permission** from
~로부터의 승인 없이

All workers must obtain the manager's ------- before taking an extended lunch break.

(A) admission (B) permission

만점 TIP
· 명사 permission은 불가산명사, 명사 permit은 가산명사이다.

39 cooperation

cooperate v. 협력하다
cooperative a. 협력하는
cooperatively ad. 협조적으로

● 협조, 협력

기출 appreciate the employees' **cooperation**
직원들의 협조에 감사하다

Thank you for your **cooperation**.
귀하의 협조에 감사드립니다.

The building manager appreciates the residents' ------- regarding the new cleaning schedule for communal areas.

(A) cooperation (B) convention

40 admission

admit v. 인정하다, 허가하다
admissible a. 인정되는, 허용되는

● 입장 (허가), 허가, 시인

기출 receive free **admission** to
~에 대해 무료 입장 허가를 받다

from the date of **admission**
허가일로부터

Members of the Kennedy Business Institute receive half-price ------- to all seminars.

(A) admission (B) exchange

DAILY **QUIZ**

단어와 그에 알맞은 뜻을 연결해 보세요.

1 facility   •   • (A) 제안(사항), 제시, 암시

2 promotion •   • (B) 승진, 홍보 (행사), 촉진

3 suggestion •   • (C) 시설(물)

빈칸에 알맞은 단어를 선택하세요.

4 a career -------
    채용 기회

5 give financial ------- to
    ~에게 재정적 지원을 하다

> (A) assistance
> (B) cooperation
> (C) opportunity
> (D) period

6 Thank you for your -------.
    귀하의 협조에 감사드립니다.

앞서 배운 단어들의 뜻을 생각하면서, 다음 문제를 풀어보세요.

7 The escalators in Dixie Shopping Mall will be turned off while they undergo routine -------.

(A) preference   (B) maintenance
(C) instruction   (D) transfer

8 According to company policy, baskets, shopping carts, and other supermarket ------- may not be taken outside the store's parking lot.

(A) offers   (B) quality
(C) property   (D) competitors

1 complaint

complain v. 불평하다

● 불만(사항), 불평

기출 frequent complaint
잦은 불만사항

receive increasing complaints
불만사항이 증가하다

One common ------- library members make is that there are not enough group study rooms.

(A) opinion   (B) complaint

2 enrollment

enroll v. 등록하다

● 등록(자 수)

기출 complete the online enrollment form
온라인 등록 양식을 작성 완료하다

Your enrollment entitles you to A.
귀하의 등록은 귀하에게 A라는 자격을 드립니다.

Fill out the online ------- form by May 31 if you wish to attend our business management workshop.

(A) enrollment   (B) inventory

3 feedback

● 의견, 피드백

기출 provide feedback to
~에게 의견을 제공하다

receive positive feedback on
~에 대한 긍정적인 피드백을 받다

Alpha Sportswear has received negative ------- regarding its new television advertisements.

(A) feedback   (B) influence

4 **investment**

invest v. 투자하다
investor n. 투자자

● 투자(금)

기출 initial **investment** 초기 투자금

An expert in foreign -------, Arthur Sanders, has become wealthy from purchasing shares in international corporations.

(A) investments   (B) travels

5 **source**

● 원천, 출처

기출 the main **source** of inspiration 영감의 주요 원천

the **source** of the data 그 자료의 출처

Singer Richard Prince stated that the birth of his child was the primary ------- of inspiration for his new album.

(A) group   (B) source

6 **inspection**

inspect v. 점검하다, 검사하다
inspector n. 검사관

● 점검, 검사

기출 carry out the annual **inspection** of the factory
공장에 대한 연례 점검을 수행하다

The health and hygiene officer will visit our restaurant today to conduct the yearly ------- of our kitchens.

(A) opinion   (B) inspection

7 **figure**

● 수치, 인물

기출 This **figure** covers both A and B.
이 수치는 A와 B 둘 다 포함합니다.

update our sales **figures**
우리의 매출 수치를 업데이트하다

Ms. Rondell will report on the company's annual ------- after receiving sales reports from all twenty branches.

(A) measures   (B) figures

8 response

responsive a. 반응하는
respond v. 반응을 보이다, 응답하다

● 반응, 응답

기출 based on the **response** to
~에 대한 반응을 기반으로

in **response** to
~에 응답하여

In ------- to increased demand from consumers, Ryzen Appliances has doubled production of its refrigerators.

(A) contrast　　　　　(B) response

9 selection

select v. 선택하다
selective a. 선택적인, 까다로운

● 선택(지)

기출 make a **selection**
선택하다, 선정하다

have a limited **selection** of
~에 대한 제한된 선택지를 가지고 있다

Mangrove Beach Resort offers a ------- of water-based activities, such as jetskiing and snorkeling.

(A) selection　　　　　(B) preference

10 variety

various a. 다양한

● 다양성

기출 add greater **variety** to the menu
메뉴에 더 많은 다양성을 추가하다

a wide **variety** of health-care services
매우 다양한 종류의 의료 서비스

The new Funland complex will offer an extensive ------- of entertainment facilities when it opens this summer.

(A) condition　　　　　(B) variety

11 invitation

invite v. 초대하다, 요청하다

- 초대(장), 초청

기출 receive an **invitation** to attend
~에 참석하도록 초대를 받다

invitations to the awards banquet
수상 연회에 대한 초청

Ms. Sanchez has been given an ------- to attend the Katrina Velasquez fashion show in Milan next week.

(A) honor   (B) invitation

12 expansion

expand v. 확장하다

- 확장

기출 **expansion** into overseas markets
해외 시장으로의 확장

to discuss the **expansion** of
~의 확장을 논의하기 위해

Bluefire Games hopes to acquire Taneka Software as part of its ------- into the Asian market.

(A) expansion   (B) process

13 appreciation

appreciate v. 감사하다, 이해하다
appreciative a. 감사하는

- 감사, 이해

기출 express one's **appreciation** for
~에 대해 감사를 표하다

in **appreciation** for
~에 감사하여, ~의 답례로

In ------- of his 30 years of service to the company, Primex Inc. presented Mr. Richards with an expensive wristwatch.

(A) response   (B) appreciation

14 recognition

recognize v. 인지하다, 인정하다

● 인지(도), 인정

기출 gain national **recognition** for
~로 인해 전국적인 인지도를 얻다

in **recognition** of one's contribution to
~에 대한 헌신을 인정하여

Ms. Yeats was offered an improved contract in ------- of her outstanding efforts and contributions to our firm.

(A) recognition   (B) acceptance

15 ceremony

● 의식, 예식

기출 annual award **ceremony**
연례 시상식

during a **ceremony** at the end of the year
연말 기념식 동안에

Next month's country music awards ------- will be broadcast nationally on Channel 11.

(A) ceremony   (B) product

16 receipt

receive v. 받다, 받아들이다

● 영수증, 수령

기출 turn in **receipts** for reimbursement
환급을 위해 영수증을 제출하다

upon **receipt** of the parcel
소포 수령 즉시

Sales executives who attended the conference in Manila last week should hand in ------- for reimbursement.

(A) procedures   (B) receipts

17 **series**

- 시리즈, 일련

  `기출` annual **series** of musical performances
  연례 음악 공연 시리즈

  sponsor a **series** of public lectures
  일련의 공개 강의를 후원하다

  Every September, the Richfield Institute hosts a -------
  of workshops led by successful business owners.

  (A) scheme   (B) series

18 **priority**

- 우선순위, 우선 과제

  `기출` a top **priority**
  최우선순위

  take **priority** over all other work
  다른 모든 일들보다 우선순위로 두다

  Nitro Beverages Inc. has made increasing its domestic
  market share its highest ------- for this year.

  (A) rate   (B) priority

19 **supervision**

supervise v. 감독하다, 관리하다
supervisor n. 감독관, 상사

- 감독, 관리

  `기출` under the **supervision** of Mr. Kane
  케인 씨의 감독 하에

  Greengro Supermarkets' branch in Allcroft has been
  under the ------- of Max Hargraves for the past six
  months.

  (A) attendance   (B) supervision

Day 03 | Part 5, 6 명사 ②

20 **fee**

- 요금, 수수료

  기출 charge A a processing **fee** for
  A에게 ~에 대한 처리 요금을 부과하다

  reduce its **fee** for access
  이용권에 대한 수수료를 낮추다

  The pharmaceutical conference registration -------
  covers accommodation and transportation costs.

  (A) fee   (B) fare

21 **competition**

competitive a. 경쟁력 있는
compete v. 경쟁하다

- 경쟁, (경연) 대회

  기출 **competition** between businesses
  사업체들 간의 경쟁

  rising **competition** from the overseas
  education market
  해외 교육 시장에서의 증가하는 경쟁

  Increasing ------- between mobile game developers
  has led to a significant improvement in the quality of
  games.

  (A) challenge   (B) competition

22 **contribution**

contribute v. 기부하다, 기여하
       다, 기고하다
contributing a. 기여하는
contributor n. 기부자, 기여자,
       기고가

- 기부(금), 기여, 공헌

  기출 your generous **contributions**
  귀하의 후한 기부

  significant **contributions** to our charity fund
  저희 자선 기금에 대한 의미 있는 기부금

  The Heritage Trust expressed its gratitude to all
  individuals who have made valuable ------- to the
  organization.

  (A) contributions   (B) evaluations

23 **description**

- 설명(서)

  기출 a detailed description of the position
  그 직책에 대한 상세한 설명

  technical descriptions
  기술 설명서

  Mr. Lane's report includes not only a brief ------- of the technology but a thorough analysis of its benefits.

  (A) description　　　　(B) schedule

24 **concentration**

concentrate v. 집중하다

- 밀도, 밀집, 집중

  기출 boast the largest[highest] concentration of
  ~의 높은 밀도를 자랑하다

  Fifth Avenue is home to the largest ------- of antiques stores in the city.

  (A) conference　　　　(B) concentration

25 **transportation**

transport v. 운송하다

- 교통(편), 운송

  기출 for more information about transportation
  교통편에 대한 더 많은 정보를 위해서

  If you require -------, please view the shuttle bus schedule on the convention Web site.

  (A) transportation　　　　(B) lodging

26 **transaction**

- 거래

  기출 bank transactions
  은행 거래

  All mobile ------- for amounts over $800 must be approved by using the banking app.

  (A) representatives　　　　(B) transactions

27 intention

intentional a. 의도적인
intentionally ad. 고의로

● 의도, 의사

기출 announce one's intention to retire
은퇴한다는 ~의 의도를 알리다

have no intention of -ing
~하려는 의도가 없다

During the staff meeting, Mr. Forbes announced his
------- to apply for the Operations Manager position.

(A) method   (B) intention

28 advantage

advantageous a. 이로운, 유리한

● 장점, 유리한 점

기출 publicize the advantages of the product
그 상품의 장점을 광고하다

take advantage of
~을 이용하다

If you would like to take ------- of store discounts, sign
up for a Ritz Department Store membership today.

(A) advantage   (B) merit

29 destination

● (여행) 목적지, 도착지

기출 premier destination for tourism
관광을 위한 최고의 목적지

Located near several major bus routes, Adventure
Land's accessibility by public transportation makes it
a convenient -------.

(A) destination   (B) connection

30 **task**

- 업무, 직무

  기출 handle the **task** of updating the content
  컨텐츠를 업데이트하는 업무를 다루다

  This **task** is particularly demanding.
  이 직무는 특히 힘들다.

  Mr. Marlowe has been given the ------- of responding to customer complaints by e-mail.

  (A) version   (B) task

31 **purpose**

purposely ad. 고의로

- 목적

  기출 Do not use it for any other **purpose**.
  어떤 다른 목적을 위해 그것을 사용하지 마십시오.

  The **purpose** of this report is to do ~.
  이 보고서의 목적은 ~하는 것입니다.

  The ------- of this inspection is to ensure the factory is operating at full capacity and efficiency.

  (A) purpose   (B) indication

32 **commitment**

committed a. 헌신적인, 전념하는

- 헌신, 전념

  기출 show remarkable **commitment** to
  ~에 대한 놀랄 만한 헌신을 보여주다

  express one's full **commitment** to
  ~에 대한 완전한 헌신을 표현하다

  Ms. Singh has shown an impressive ------- to our company over the past two decades.

  (A) commitment   (B) collaboration

33 difficulty

difficult a. 어려운, 곤란한

● 어려움, 곤란, 곤경

기출 have **difficulty** -ing
~하는 데 어려움을 겪다

because of several **difficulties** with the new software
새로운 소프트웨어에 대한 여러 어려움 때문에

The music festival has been postponed because of ------- with the online ticketing system.

(A) selections　　　　(B) difficulties

34 ability

able a. 능력 있는, 할 수 있는

● 능력

기출 have the **ability** to do
~할 능력을 지니다

the artistic and sporting **abilities** of
~의 예술적 그리고 스포츠 능력

The Fitmate Smartwatch has the ------- to monitor heart rate, breathing rate, and sleep patterns.

(A) decision　　　　(B) ability

35 transition

transitional a. 과도기의

● 전환, 이전

기출 make a successful **transition** to
~로의 성공적인 전환을 하다

The **transition** is scheduled to begin next week.
다음 주에 이전이 시작되기로 예정되어 있다.

Chen's Noodle Shop has made a profitable ------- to using a more affordable delivery service.

(A) location　　　　(B) transition

36 occasion

occasional a. 가끔의
occasionally ad. 가끔, 때때로

● 사건, 경우

기출 mark an important **occasion**
중요한 사건을 기념하다

for any **occasion**
어떠한 경우라도

We have been in business for ten years, and to mark this important -------, we will be hosting a party on November 22.

(A) opening   (B) occasion

37 itinerary

● 여행 일정표

기출 a copy of the travel **itinerary**
여행 일정표의 사본

the **itinerary** for your trip
귀하의 여행 일정

The ------- for Ms. Pellberg's sightseeing tour includes visits to several famous museums and galleries.

(A) position   (B) itinerary

38 inventory

● 재고, 물품 목록

기출 deal with excess **inventory**
과도한 재고를 처리하다

inventory management software
물품 목록 관리 소프트웨어

In an effort to sell its surplus -------, Smith's Camping Goods is marking down some prices by up to 50 percent.

(A) inventory   (B) capacity

39 accomplishment · 성과, 성취

accomplish v. 성취하다, 달성하다

accomplished a. 뛰어난

기출 Mr. Smith's many accomplishments include ~.

스미스 씨의 많은 성과는 ~을 포함한다.

Mayor Pembroke's many ------- include implementing an environmentally friendly monorail system.

(A) capabilities   (B) accomplishments

40 compliance · 준수

comply v. 준수하다(with)

기출 ensure compliance with regulations

규정 준수를 보장하다

in compliance with standards

기준을 준수하여

Many of the manufacturing machines at Rydell Inc. had to be modified in order to be in ------- with safety regulations.

(A) compliance   (B) arrangement

DAILY QUIZ

단어와 그에 알맞은 뜻을 연결해 보세요.

1 receipt •

2 competition •

3 enrollment •

• (A) 등록(자 수)

• (B) 영수증, 수령

• (C) 경쟁, (경연) 대회

빈칸에 알맞은 단어를 선택하세요.

4 deal with excess -------
   과도한 재고를 처리하다

5 update our sales -------
   우리의 매출 수치를 업데이트하다

(A) inventory
(B) contributions
(C) figures
(D) series

6 your generous -------
   귀하의 후한 기부

앞서 배운 단어들의 뜻을 생각하면서, 다음 문제를 풀어보세요.

7 Ms. Grey was presented with a gold watch in ------- of her forty years of service to the company.

   (A) development   (B) collaboration
   (C) recognition   (D) achievement

8 Michael Akona coordinates wildlife conservation efforts in ------- such as Kenya and Uganda.

   (A) volunteers   (B) donations
   (C) destinations   (D) initiatives

정답 1 (B) 2 (C) 3 (A) 4 (A) 5 (C) 6 (B) 7 (C) 8 (C)

41

Day 04 명사 + 명사 콜로케이션 Part 5, 6

 MP3 바로듣기 강의 바로보기

* 출제된 「명사 + 명사」 콜로케이션 조합을 빠르게 암기할 수 있도록 관사를 포함하지 않았습니다.

1 product manual ● 제품 설명서

> 기출 safety manual 안전 설명서
> employee manual 직원 안내서

The product ------- includes detailed assembly instructions and diagrams.
(A) receipt　　　　　(B) manual

2 budget requirements ● 예산 요건

> 기출 quality requirements 품질 요건
> age requirement 연령 요건

Please check that you fulfill the budget ------- before submitting an application form for the support fund.
(A) requirements　　　　(B) qualities

3 employee productivity ● 직원 생산성

> 기출 team productivity 팀 생산성
> worker productivity 직원 생산성

Since introducing performance-based pay raises last year, Huzzah Technology has seen a dramatic increase in employee -------.
(A) tendency　　　　(B) productivity

4 travel expenses

● 출장 비용

기출 transportation **expenses** 운송 비용

living **expenses** 생활비

The board has agreed to allocate $5,000 per month for travel -------.

(A) expenses   (B) descriptions

5 building permit

● 건축 허가(증)

기출 parking **permit** 주차 허가(증)

After months of preparation, the construction project finally got underway once the city issued the building -------.

(A) office   (B) permit

6 control system

● 통제 시스템

기출 ticketing **system** 발권 시스템

The IT team intends to upgrade the central control ------- at company headquarters.

(A) places   (B) systems

7 manager position

● 관리자 직책

기출 assistant **position** 보조 직책

editor **position** 편집자 직책

Mr. Jones is the most qualified candidate for the production manager -------, with more than 15 years of experience in the industry.

(A) control   (B) position

8 assembly process

- 조립 과정

  기출 manufacturing process 제조 과정

  The replacement of our old machines has already increased the efficiency of our assembly ------- by 10 percent.

  (A) process　　　　　　(B) location

9 operating cost

- 운영비, 운영 비용

  기출 fuel costs 연료 비용

  business costs 사업 비용

  cost estimates 비용 견적서

  Due to an increase in operating -------, Bluesky Airlines has decided to suspend some of its Asian routes.

  (A) systems　　　　　　(B) costs

10 office space

- 사무 공간

  기출 parking space 주차 공간

  work space 근무 공간

  Mr. Edwards told the realtor that he requires enough office ------- to accommodate 300 employees.

  (A) project　　　　　　(B) space

11 population increase

- 인구 증가

  기출 price increase 가격 인상

  salary increase 급여 인상

  The population ------- in the urban areas has led to greater demand for public services.

  (A) statistic　　　　　　(B) increase

12 planning committee

- 기획 위원회

  기출 hiring committee 고용 위원회

  search committee 조사 위원회

  The planning ------- will gather on Tuesday to discuss the candidates for the senior management position.

  (A) schedule   (B) committee

13 vacation request

- 휴가 요청

  기출 catering request 음식 공급 요청

  customer request 고객 요청

  For all employees at Kaye Department Store, vacation ------- must be approved by the HR department.

  (A) suggestions   (B) requests

14 renewal application

- 갱신 지원서

  기출 employment application 고용 지원서

  business application 사업 지원서

  loan application 대출 신청서

  Food vendors who wish to participate in the city fair again should submit a renewal ------- for a permit.

  (A) specification   (B) application

15 service charge

- 서비스 요금

  기출 shipping charge 배송 요금

  penalty charge 벌금 (부과)

  Stenhouse Furniture adds a higher service ------- to orders delivered outside the city limits.

  (A) charge   (B) supplier

16 improvement project

● 개선 프로젝트

`기출` research project 연구 프로젝트
repair project 수리 프로젝트

Glenfield City Council has secured extensive funding for its urban improvement -------.
(A) statement   (B) project

17 conference registration

● 컨퍼런스 등록

`기출` convention registration 총회 등록
registration form 등록 양식

Conference ------- will begin on May 4 and continue until the end of the month.
(A) registration   (B) ideal

18 shipment delay

● 운송 지연

`기출` transportation delay 교통 지연
construction delay 건축 지연

A recent sharp rise in the prices of auto parts has resulted in shipment ------- of two weeks or longer.
(A) items   (B) delays

19 management role

● 관리자 역할, 관리 직무

`기출` volunteer role
자원봉사자 역할

Once he is formally promoted on Thursday, Mr. Riley will take on the management ------- immediately.
(A) production   (B) role

20 privacy policy

- 개인정보 보호정책

  기출 security policy
  보안 정책

  insurance policy
  보험 정책

  travel policy
  출장 정책

  According to the company's privacy -------, customer information is never shared with third parties.

  (A) policy   (B) tasks

21 expiration date

- 만료 일자, 유통 기한

  기출 publication date 출간일
  opening date 개장일

  The expiration ------- is clearly stated on each subscriber's account page on our Web site.

  (A) date   (B) amount

22 shipping contract

- 배송 계약

  기출 employment contract
  고용 계약

  maintenance contract
  유지보수 계약

  Mr. Tyrell has renegotiated the shipping ------- in an effort to lower expenditure.

  (A) vessels   (B) contract

23 training session • 교육 시간

`기출` information session
설명회

orientation session
오리엔테이션 시간

The HR manager has scheduled four training ------- to ensure all new recruits are fully prepared for their roles.

(A) materials　　　　(B) sessions

24 publicity campaign • 홍보 캠페인

`기출` advertising campaign
광고 캠페인

marketing campaign
마케팅 캠페인

Xcell Digital Solutions has created successful online publicity ------- for clients in a wide range of industries.

(A) campaigns　　　　(B) influences

25 working environment • 근무 환경

`기출` workplace environment
근무지 환경

work environment
근무 환경

To create a more productive working -------, Bitfour Technologies provided all staff with new ergonomic office furniture.

(A) environment　　　　(B) position

26 **construction site** • 건축 현장

> `기출` work **site** 근무 현장
>
> plant **site** 공장 현장

Before visitors are permitted to enter the construction
-------, they must put on the required safety gear.

(A) site   (B) industry

27 **art exhibition** • 미술 전시회

> `기출` photography **exhibition** 사진 전시회
>
> sculpture **exhibition** 조각품 전시회

At the opening night of the art ------- at Privet Gallery,
Lynda Carranza spoke to attendees about her work.

(A) exhibition   (B) guide

28 **award ceremony** • 시상식

> `기출` graduation **ceremony** 졸업식
>
> opening **ceremony** 개장식

This weekend's Young Filmmakers of the Year
awards ------- will be held at Seaforth Auditorium.

(A) ceremony   (B) advice

29 **customer loyalty** • 고객 충성도

> `기출` **loyalty** bonus 고객 보상 보너스
>
> **loyalty** program 고객 보상 프로그램

In order to improve customer -------, Majestic Catering
now offers discounts to long-term clients.

(A) loyalty   (B) honesty

30 government restriction

- 정부 규제

  기출 budget restriction
  예산 규제

  size restriction
  규모 규제

  Strict government ------- on several rare food items have caused their prices to soar recently.

  (A) authorities   (B) restrictions

31 distribution plan

- 분배 계획

  기출 distribution area
  분배 지역

  information distribution
  정보 분배

  distribution rights
  분배 권리

  Mr. Barr is determining the financial needs of the sales, marketing, and HR departments in order to finalize the budget ------- plan.

  (A) distribution   (B) assortment

32 safety regulation

- 안전 규정

  기출 tax regulation 세금 규정

  company regulation 회사 규정

  dress regulation 복장 규정

  All staff must adhere to the restaurant's health and safety ------- or face disciplinary action.

  (A) regulations   (B) limitations

33 floor renovation

- 바닥 보수공사

  기출 building renovation 건물 보수공사

  renovation work 보수공사 작업

  The floor ------- will take roughly three months and will increase the building's floor space by 15 percent.

  (A) agenda   (B) renovation

34 tourist destination

- 관광지

  기출 travel destination 여행지

  vacation destination 휴가지

  Carlito Torres organizes food-themed excursions to tourist -------, such as Indonesia and Malaysia.

  (A) destinations   (B) ambitions

35 bank transaction

- 은행 거래

  기출 business transaction 사업 거래

  For certain bank ------- that exceed a certain amount, we ask that customers meet with the bank manager in person.

  (A) representatives   (B) transactions

36 processing fee

- 처리 비용

  기출 registration fee 등록 비용

  service fee 서비스 비용

  The embassy charges a processing ------- for all passport renewals and replacements.

  (A) fee   (B) check

37 delivery receipt

- 배송 영수증

  기출 store receipt 매장 영수증

  sales receipt 판매 영수증

  Before submitting a delivery -------, be sure to check that all items listed are in good condition.

  (A) receipt   (B) announcement

38 sales figures

- 매출 수치

  기출 production figures 생산 수치

  accounting figures 회계 수치

  The CEO will announce our annual sales ------- at the year-end banquet on December 29.

  (A) measures   (B) figures

39 telecommuting option

- 재택근무 선택권

  기출 menu option 메뉴 선택권

  investment option 투자 선택권

  Telecommuting ------- provide many employees with the flexibility to work from home or other remote locations.

  (A) statements   (B) options

40 meal period

- 식사 시간

  기출 peak period 성수기

  warranty period 보증 기간

  Employees at all Bob's Burgers branches are entitled to a two-hour meal ------- for their lunch.

  (A) period   (B) box

DAILY QUIZ

콜로케이션과 그에 알맞은 뜻을 연결해 보세요.

1 product manual •

• **(A)** 건축 현장

2 construction site •

• **(B)** 처리 비용

3 processing fee •

• **(C)** 제품 설명서

빈칸에 알맞은 단어를 선택하세요.

4 transportation -------
운송 비용

5 parking -------
주차 허가(증)

(A) expenses
(B) period
(C) permit
(D) renovation

6 building -------
건물 보수공사

앞서 배운 콜로케이션들의 뜻을 생각하면서, 다음 문제를 풀어보세요.

7 Customers should check the expiration ------- before consuming any of our dairy products.

(A) price
(B) amount
(C) date
(D) bottle

8 Ms. Welling will announce our daily sales ------- after compiling the data from our San Diego office.

(A) measures
(B) grounds
(C) instructions
(D) figures

정답 | 1 (C) 2 (A) 3 (B) 4 (A) 5 (C) 6 (D) 7 (C) 8 (D)

53

1 back up

❶ 도움을 주다, 지원하다
→ **support**

❷ 복사본을 만들다
→ **copy**

The results of a recent customer survey <u>backed up</u> our decision to expand our Customer Services Department.

(A) copied   (B) supported

최근의 한 고객 설문조사 결과가 고객서비스부를 확장하기로 한 우리의 결정을 뒷받침해 주었습니다.

2 critical

❶ 매우 중요한
→ **essential, crucial, very important, vital**

❷ 부정적인, 못마땅해하는
→ **negative, disapproving**

❸ 위급한, 심각한
→ **urgent**

Some <u>critical</u> figures regarding last quarter's profits were missing, so you'll need to redo the report.

(A) urgent   (B) essential

지난 분기의 수익과 관련된 일부 중요한 수치 자료들이 빠져 있었기 때문에 당신은 보고서 작업을 다시 해야 할 것 같습니다.

3 take

❶ (손으로) 잡다
→ **grab, grip**

❷ 필요로 하다, 요구하다
→ **require**

❸ 제거하다
→ **remove**

The update for our accounting software is enormous, so it <u>took</u> five hours to download and install it.

(A) grabbed   (B) required

우리 회계 소프트웨어의 업데이트가 너무 방대해서, 그것을 다운로드하고 설치하는 데 다섯 시간이 소요되었습니다.

4 release

❶ ~을 풀어주다, 석방하다
→ set free, let go

❷ ~을 발표하다, 공개하다
→ make available, issue

The company spokesperson <u>released</u> an update on the ongoing project, detailing the latest developments and some challenges that have arisen during the testing phase.

(A) set free　　　　　(B) made available

회사 대변인은 진행 중인 프로젝트에 대한 최신 소식을 발표했는데, 최근의 개발 사항과 시험 단계에서 발생한 몇 가지 문제점들을 자세히 설명했습니다.

5 feature

❶ 특징, 특성
→ characteristic

❷ 특집 기사
→ a special article, story

Don't miss the latest issue of our magazine, which includes a special <u>feature</u> on emerging trends in artificial intelligence.

(A) characteristic　　　(B) story

저희 잡지의 최신 호를 놓치지 마세요. 이번 호에는 인공지능의 떠오르는 트렌드에 관한 특별한 특집 기사가 포함되어 있습니다.

6 regarding

❶ ~에 관한
→ concerning, about

❷ 존경하는
→ admiring

We would like to address any questions or issues you might have <u>regarding</u> your recent purchase.

(A) about　　　　　　(B) admiring

귀하의 최근 구매와 관련하여 갖고 계신 그 어떤 문의사항 혹은 이슈사항들을 처리해 드리고자 합니다.

7 stress

❶ 불안, 염려
→ anxiety

❷ 강조
→ focus, emphasis

A therapist is coming to the office on Friday to give a presentation about coping with <u>stress</u> in the workplace.

(A) emphasis　　　　(B) anxiety

한 치료 전문가가 직장 내에서의 스트레스에 대처하는 일에 관한 발표를 하기 위해 금요일에 사무실로 찾아올 예정입니다.

8 draw

❶ ~을 끌어들이다
→ **attract**

❷ ~을 그리다
→ **sketch**

❸ ~을 뽑다, 골라내다
→ **pick, take out**

The café is a popular spot for several celebrities, so it also <u>draws</u> crowds of fans eager to see their favorite star.

(A) attracts   (B) sketches

그 카페는 여러 유명 인사들에게 인기 있는 장소이기 때문에, 좋아하는 스타의 모습을 볼 수 있기를 갈망하는 팬들로 구성된 많은 사람들 또한 끌어들입니다.

9 run

❶ 달리다
→ **move**

❷ (업체·서비스 등을) 운영하다
→ **operate, manage**

❸ (기계가) 움직이다, 돌아가다
→ **function, work**

❹ 지속되다
→ **last**

The local bookstore <u>runs</u> a promotion every summer, encouraging readers to explore new genres and authors with incredible discounts and special events.

(A) moves   (B) operates

지역 서점에서는 매년 여름 프로모션을 진행하여 엄청난 할인과 특별 이벤트를 통해 독자들이 새로운 장르와 작가를 탐색할 수 있도록 장려합니다.

10 significant

❶ 중요한, 뜻깊은
→ **important, meaningful**

❷ 상당한
→ **large enough, enormous**

The golf tournament is one of the most <u>significant</u> fundraisers for the charity because some influential donors come to participate.

(A) important   (B) enormous

그 골프 대회는 몇몇 영향력 있는 기부자들이 참가하러 오기 때문에 그 자선단체에 있어 가장 중요한 모금 행사 중 하나입니다.

11 rest

❶ 나머지
→ **remainder**

❷ 휴식
→ **break**

Keep in mind, the <u>rest</u> of the event's budget will be donated to Belle Valley Children's Hospital.

(A) remainder　　　　(B) break

행사 예산의 나머지는 벨 밸리 아동 병원에 기부된다는 점을 기억해 주시기 바랍니다.

12 current

❶ 동시대의, 현재의
→ **contemporary, present**

❷ 습관적인, 관습의
→ **customary**

❸ 흐름
→ **moving, flow**

Central Art magazine has been a leading source of information on <u>current</u> artists and styles for the past fifteen years.

(A) contemporary　　　　(B) customary

<센트럴 아트> 잡지는 지난 15년 동안 당대의 미술가들과 화풍에 관한 정보를 제공하는 앞서가는 매체였습니다.

13 level

❶ 정도, 양
→ **degree, amount**

❷ 층
→ **story, floor**

❸ 지위
→ **position, rank**

The latest customer surveys indicate a high <u>level</u> of satisfaction with our current product offerings and overall customer service.

(A) degree　　　　(B) position

최근의 고객 설문조사 결과는 현재의 저희 제품 제공과 전반적인 고객 서비스에 대해 높은 수준의 만족도를 나타냅니다.

14 fair

❶ 공정한
→ just, honest

❷ 타당한, 합리적인
→ reasonable

❸ 날씨가 맑은
→ fine, clear

We offer high-quality tour services at a fair rate. Contact our agency today via e-mail or phone, and we will get back to you promptly.

(A) just　　　　　(B) reasonable

저희는 고품질의 여행 서비스를 합리적인 요금에 제공합니다. 저희 대리점에 오늘 이메일이나 전화로 연락 주시면, 신속히 고객님께 다시 연락 드리겠습니다.

---

15 handle

❶ 만지다
→ touch

❷ 다루다, 처리하다
→ manage

If we don't hire more servers, the restaurant staff will not be able to handle the Sunday lunch rush.

(A) touch　　　　　(B) manage

우리가 더 많은 종업원들을 고용하지 않는다면, 레스토랑 직원들은 일요일에 몰려드는 점심 식사 손님들을 처리할 수 없을 것입니다.

---

16 entry

❶ 출품(물)
→ submission to a contest

❷ 입구
→ doorway

❸ 입력
→ input

It is my pleasure to let you know that your entry, "Dusk at the Lake", is a finalist for the prestigious photography award this year.

(A) submission to a contest　　(B) doorway

귀하의 출품작인 <호수의 황혼>이 올해 권위 있는 사진 상 최종 후보에 올랐음을 알려드리게 되어 기쁩니다.

17 refer

❶ 살피다, 참조하다
→ check

❷ 보내다
→ direct

Please **refer** any questions regarding your payment to Mr. Keller, the company accountant.

(A) check　　　　　(B) direct

귀하의 지불 금액과 관련된 모든 질문은 회사의 회계 담당자이신 켈러 씨께 전달하시기 바랍니다.

18 go with

❶ 동행하다
→ accompany

❷ 선택하다
→ select

The hotel has decided to **go with** another contractor to do the renovations because the previous contractor's bid was significantly higher than expected.

(A) accompany　　　　　(B) select

그 호텔은 기존 계약업체의 입찰액이 예상보다 상당히 높았기 때문에, 개조 공사를 하기 위해 다른 계약업체를 선택하기로 결정했습니다.

19 good

❶ 좋은
→ high quality

❷ 유효한
→ valid

The discount code "DC1468" is **good** through July for a 10% discount on any online order.

(A) high quality　　　　　(B) valid

할인 코드 "DC1468"은 어떠한 온라인 주문품에 대해서도 10퍼센트의 할인을 받을 수 있으며 7월 한 달 내내 유효합니다.

Day 05

Part 7 기출동의어 ①

20 dimension

❶ 차원, 특징
→ **characteristic,**
aspect, feature

❷ 크기, 규모
→ **proportion,**
measurement, size

The advent of virtual reality technology has added another dimension to the gaming experience, immersing players in realistic and interactive virtual worlds.

(A) aspect   (B) proportion

가상 현실 기술의 출현으로 게임 경험에 또 다른 차원이 추가되어 현실적이고 상호 작용하는 가상 세계에 플레이어를 몰입시킵니다.

21 maintain

❶ 유지보수하다
→ **repair, service**

❷ 유지하다
→ **keep**

Due to customer complaints about the store being too hot, the temperature will now be maintained at 19°C rather than 22°C.

(A) repaired   (B) kept

매장이 너무 더운 것에 대한 고객들의 불만으로 인해, 실내 온도는 이제 섭씨 22도가 아닌 19도로 유지될 것입니다.

22 register

❶ 등록하다
→ **enroll**

❷ 기록하다
→ **record**

Check your pay statement to make sure the attendance software accurately registered your overtime hours for last month.

(A) enrolled   (B) recorded

출근 확인 소프트웨어가 지난달에 대한 여러분의 초과 근무 시간을 정확히 기록했는지 확실히 할 수 있도록 여러분의 급여 명세서를 확인해 보시기 바랍니다.

23 observe

❶ 관찰하다
→ **monitor, watch**

❷ (법 등을) 준수하다, 지키다
→ **comply with**

To prevent accidents, it is crucial to observe safety regulations when using power tools.

(A) monitor   (B) comply with

사고를 예방하기 위해서는 전동 공구를 사용할 때 안전 규정을 준수하는 것이 중요합니다.

24 reflect

❶ 깊이 생각하다, 숙고하다
→ consider

❷ 보여주다, 나타내다
→ represent, show

I have e-mailed you an invoice for your first month of classes, which **reflects** both the instruction fee and the cost of your equipment.

(A) represents   (B) considers

귀하의 첫 달 수강에 대한 청구서를 메일로 보내 드렸으며, 그것에는 강의료와 기기 비용이 모두 나타나 있습니다.

25 matter

❶ 물질
→ substance

❷ 상황, 문제
→ situation, issue

Employees who have a complaint about a supervisor can speak with an HR representative to resolve the **matter**.

(A) substance   (B) situation

상사에 대해 불만이 있는 직원들은 해당 문제를 해결하기 위해 인사부 직원과 이야기할 수 있습니다.

26 over

❶ ~ 위에
→ above

❷ ~동안
→ during

After learning the surprising news that Wire World is going out of business, we expect that our market share will grow by 10% **over** the next year.

(A) above   (B) during

와이어 월드 사가 폐업할 예정이라는 놀라운 소식을 들은 후로, 우리는 앞으로 1년 동안 우리의 시장 점유율이 10퍼센트 증가할 것으로 예상합니다.

27 model

❶ 본보기
→ example

❷ 판
→ version

The newest **model** in their popular line of smart phones features an improved camera and a crystal-clear screen resolution.

(A) example   (B) version

인기 있는 스마트폰 제품 라인에 속해 있는 이 최신 모델은 개선된 카메라와 수정같이 맑은 화면 해상도를 특징으로 합니다.

28 treat

❶ 다루다
→ **manage, handle**

❷ 간주하다
→ **consider**

❸ 접대하다, 대접하다
→ **entertain**

My family has been using the same veterinarian for 10 years because she always <u>treats</u> our pets with care.

(A) handles　　　　(B) considers

우리 가족은 10년 동안 동일한 수의사를 이용해 왔는데, 그분은 항상 우리의 애완 동물들을 세심하게 다뤄주시기 때문입니다.

29 suspect

❶ 생각하다, 추정하다
→ **think, believe**

❷ 의심하다, 불신하다
→ **distrust**

The board members <u>suspect</u> that the CEO will soon announce his retirement, and they are preparing to search for a suitable successor.

(A) believe　　　　(B) distrust

이사회 임원들은 CEO가 곧 은퇴를 발표할 것으로 생각하고, 적절한 후임자를 물색할 준비를 하고 있습니다.

30 tentative

❶ 잠정적인, 임시의
→ **not finalized**

❷ 머뭇거리는
→ **hesitant**

The music festival has released a <u>tentative</u> schedule for all of the performances that will take place over the weekend in Mallory Park.

(A) not finalized　　　　(B) hesitant

그 음악 축제는 주말 동안에 걸쳐 말로리 공원에서 열릴 모든 공연들에 대한 잠정적인 일정을 발표했습니다.

DAILY QUIZ

밑줄 친 단어와 가장 가까운 의미를 지닌 것을 고르세요.

1

The IT department is facing a **critical** situation with the server outage, requiring immediate attention to restore major services. The team is working tirelessly to resolve the issue and minimize downtime.

(A) essential

(B) negative

(C) urgent

(D) creative

2

The upcoming tennis championship is generating immense anticipation as the event is expected to **draw** thousands of tennis fans from all over the country. With top-tier players competing for the title, spectators are eager to witness thrilling matches and breathtaking displays of skill.

(A) promote

(B) attract

(C) sketch

(D) remove

3

At our store, we take pride in ensuring that our customers receive the best products and services at affordable prices. Our prices are **fair** and carefully evaluated to offer the utmost value to our clientele.

(A) objective

(B) reasonable

(C) generous

(D) light

정답 1 (C) 2 (B) 3 (B)

MP3 바로듣기   강의 바로보기

LISTENING

• Part 1

1.

2.

3.

4.

• Part 5

5. Jackson & Lee Health Supplies assures ------- of its nutritional supplements within three days of purchase.

(A) delivery
(B) sale
(C) advance
(D) expense

6. Ms. Beaumont's proposal to establish a monthly staff training workshop received ------- from the board members this morning.

(A) approval
(B) experience
(C) invitation
(D) election

7. Ms. Jimenez and Mr. Wu are in ------- regarding the location and activities for this year's staff workshop.

(A) comprehension
(B) verification
(C) fulfillment
(D) agreement

8. Munster Corporation provides employees with a ------- of career advancement opportunities and regular training programs.

(A) position
(B) salary
(C) variety
(D) promotion

9. Sheraton Road is home to the largest ------- of fine dining establishments in the city of Hartford.

(A) reservation
(B) appointment
(C) concentration
(D) review

10. The Five Starz can prepare a setlist of various songs appropriate for any -------.

(A) occasion
(B) chance
(C) vacancy
(D) schedule

11. Roper Corporation announced the opening of a brand-new office ------- in the Gillman Building on Spalding Street.

(A) project
(B) space
(C) report
(D) worker

12. Interviews will be held all week for the assembly line manager ------- at Reilly Manufacturing.

(A) participation
(B) outline
(C) arrangement
(D) position

• Part 6

Questions 13-16 refer to the following e-mail.

To: <manager@housingconnection.com>
Subject: Available Apartments

Dear sir/madam,

I am writing in **13.** ------- to your advertisement in last week's edition of our university newspaper. I understand that your company specializes in finding affordable housing options for students, and I'm interested in using your services. **14.** -------.

First, I need an apartment that is within walking distance of the campus **15.** ------- I don't currently own a vehicle. Next, I am hoping to share the rent with two of my friends, so a three-bedroom apartment would be ideal. Finally, I have a cat at my parents' home that I would love to take back with me next year.

Please send a reply to this address if you think you could help me find a suitable place. I would also need to know what type of **16.** ------- you typically charge for consultations. I look forward to hearing from you.

Sincerely,

Reggie MacDonald

---

13. (A) respond
(B) responses
(C) response
(D) responsive

14. (A) I am pleased with the service so far.
(B) I do have a few criteria.
(C) Thank you for sending the article.
(D) The apartment is ready for inspection.

15. (A) as
(B) though
(C) therefore
(D) due to

16. (A) property
(B) device
(C) fee
(D) position

• Part 7

Questions 17-18 refer to the following article.

Vortex Entertainment CEO Buys New Airplane

By Colin Morrow

LOS ANGELES (July 30)- Martin Bianucci, CEO of the music and film production company Vortex Entertainment, has purchased himself a Slip Stream 500 private jet, which he has named "Bianucci One." He boarded it for the first time yesterday when he flew into New York for an awards ceremony.

The "Bianucci One" boasts two Rankin Mark engines that produce a total thrust power of 13,900 lbs. Although its powerful engine makes more noise than those of some other planes, you cannot hear it in the cabin at all because of the newly equipped, advanced sound-absorbing system. When the aircraft is full of crew and passengers, it can travel impressive distances of up to 8,065 kilometers.

Mr. Bianucci's new jet may not seat as many people as his old one, but it comes with a wide array of modern amenities and technologies. However, the cost of running the airplane will total approximately $1 million per year.

---

17. How is Mr. Bianucci's new airplane different from his old one?

(A) It has more powerful engines.
(B) It produces more sound in the cabin.
(C) It can fly for longer durations.
(D) It accommodates fewer passengers.

18. The word "running" in paragraph 3, line 3, is closest in meaning to

(A) traveling
(B) boarding
(C) operating
(D) approving

Week **01**
정답 및 해설

Day 01 사람 사진 빈출 어휘

DAILY QUIZ

1. (A) The woman is standing in line at the register.
   (B) The woman is examining some clothing on a rack.
   (A) 여자가 계산대에 줄을 서고 있다.
   (B) 여자가 옷걸이의 옷을 살펴보고 있다.

어휘 stand in line 줄을 서다 register 계산대 examine ~을 살펴보다 clothing 옷 rack 옷걸이

2. (A) A woman is cutting open a box.
   (B) A woman is kneeling on the floor.
   (A) 여자가 상자를 뜯고 있다.
   (B) 여자가 바닥에 무릎을 꿇고 있다.

어휘 cut open ~을 뜯다, 절개하다 kneel 무릎을 꿇다 floor 바닥

3. **(A) A worker is wiping a table.**
   (B) A server is delivering a food order.
   (A) 직원이 테이블을 닦고 있다.
   (B) 서빙 직원이 주문한 음식을 나르고 있다.

어휘 wipe ~을 닦다 server (식당의) 서빙 직원 deliver ~을 배달하다, 나르다 food order 주문한 음식

4. (A) Some people are walking toward a doorway.
   (B) Some pedestrians are crossing the street.
   (A) 몇몇 사람들이 출입구 쪽으로 걷고 있다.
   (B) 몇몇 보행자들이 길을 건너고 있다.

어휘 toward ~ 쪽으로 doorway 출입구 pedestrian 보행자 cross the street 길을 건너다

5. (A) She's sipping from a cup.
   (B) She's facing a computer monitor.
   (A) 여자가 컵으로 조금씩 마시고 있다.
   (B) 여자가 컴퓨터 모니터를 향해 있다.

어휘 sip 조금씩 마시다 face ~을 향하다

6. **(A) Some people are wearing helmets.**
   (B) Some people are putting on jackets.
   (A) 몇몇 사람들이 헬멧을 착용한 상태이다.
   (B) 몇몇 사람들이 재킷을 입는 중이다.

어휘 wear ~을 착용하다 (상태) put on ~을 착용하다 (동작)

Day 02 명사 ①

표제어 문제 정답 및 해석

1. (A)	2. (A)	3. (B)	4. (B)	5. (B)
6. (A)	7. (B)	8. (A)	9. (A)	10. (B)
11. (A)	12. (A)	13. (B)	14. (B)	15. (A)
16. (A)	17. (B)	18. (A)	19. (B)	20. (B)
21. (B)	22. (A)	23. (B)	24. (B)	25. (A)
26. (A)	27. (B)	28. (B)	29. (B)	30. (B)
31. (B)	32. (B)	33. (B)	34. (B)	35. (A)
36. (B)	37. (B)	38. (B)	39. (A)	40. (A)

1. 핸드폰으로 또는 저희 앱을 통해 주문하실 때, 귀하의 피자 배달에 30분에서 45분의 여유를 주시기 바랍니다.

2. AMJ 메뉴팩쳐링 사에서 조립 라인 근로자들은 공장에서 안전 장비를 사용하도록 교육 받는다.

3. 타코 퀸 사는 프랜차이즈 소유주들이 식당을 차리는 데 필요한 모든 자원들을 공급한다.

4. 기업 웹 사이트에 대한 고객 후기의 추가는 회사

69

의 평판을 증진시키는 데 도움을 줄 수 있다.

5. 대부분의 지원자들은 패션 산업에서 적어도 3년의 경력을 가지고 있다.

6. 현대 그래픽 디자인 소프트웨어에 대한 지식은 온라인 컨텐츠 편집자 직무의 자격요건이다.

7. 지난 여름, 수많은 매우 유망한 지원자들이 우리 회사의 인턴 프로그램에 지원했다.

8. 마가렛 레인스 씨는 최근에 로스엔젤레스로 이사 갔고, 그 도시에서 적극적으로 일자리를 찾는 중이다.

9. 직원들이 법인카드를 사용하기 전에 회계부서로부터 공식적인 승인은 필수적이다.

10. 사무실 컴퓨터에 채팅 프로그램을 설치한 이후로, 라이더 주식회사는 직원 생산성에서의 걱정스러운 감소를 겪어왔다.

11. 시립 도서관의 확장에 대한 로우 씨의 제안은 도시의 기획부에 의해 받아들여졌다.

12. 약 250개의 매장뿐만 아니라, 프리미어 몰은 영화관과 여러 다른 시설들을 갖추고 있다.

13. 포트만 호텔에서 귀하의 객실에 체크인하실 때, 보증금이 지불되어야 합니다.

14. 고급 마케팅 워크숍에 등록된 후에, 마이크 씨는 그의 다양한 능력을 넓힐 수 있는 기회에 대해 그의 상사에게 감사했다.

15. 모든 주방 직원들은 식당의 주문을 준비할 때 적절한 절차를 반드시 따라야 한다.

16. 운영비를 줄이려는 노력의 일환으로, 우리는 현재 플라스틱 포장을 더 가격이 알맞은 종이 박스로 바꾸는 중이다.

17. 공학용 계산기를 사용하기 전에, 박스 뒤에 인쇄된 상세한 설명서를 읽어보십시오.

18. 트리톤 엔지니어링 사는 아펙스 원 사무실 건물의 엘리베이터의 유지보수에 대한 5년 계약에 동의했다.

19. 브램블 비스트로는 식사를 하는 사람들에게 어떠한 메인 코스 음식이라도 무료 디저트를 주문할 수 있도록 하는 홍보 행사를 운영 중이다.

20. 매장 입구 근처에 전시되어 있는 대부분의 상품은 겨울 세일의 일부로서 할인되었다.

21. 귀하께서 사전 등록 기간 동안 저희 체육관에 가입하신다면, 귀하께서는 월 회원 요금의 25퍼센트 할인을 받으실 것입니다.

22. 인사부장은 관리자 직책으로의 승진에 적합한 6명의 직원들의 목록을 모았다.

23. 투어 버스에서 내릴 때 개인 소지품을 안전하게 지키는 것은 각 탑승객의 책임이다.

24. 1년 보증 기간 내에, 고객들은 어떠한 타서스 노트북 컴퓨터에 대한 환불 또는 교환을 요청할 수 있다.

25. 저희 기관은 다양한 스타트업 기업체들에 소중한 재정적 지원을 제공합니다.

26. 퍼니 프루트 팜은 여러 배송 회사들과 상호 이익인 계약을 협상해 왔다.

27. 허드몬트 투자 사의 회계 감사는 3주의 기간 동안 수행될 것이다.

28. 참석자들은 매표소에서 그들의 입장권을 얻기 위해 사진이 부착된 유효한 신분증을 제시하도록 요구된다.

29. 직원들이 회사를 떠날 때, 노트북, 플래시 드라이브, 그리고 그 밖의 회사 재산은 반드시 반납되어야 한다.

30. 그린에이커 정원사 총회는 참석자들에게 전문적인 조언을 들을 기회를 준다.

31. 15살에서 25살 사이 나이대의 비디오 게임을 하는 사람들이 모바일 게임에 대한 증가하는 선호를 보이고 있다.

32. 레이놀즈 씨는 그가 새로운 지사를 감독하기 위한 경영 전문지식을 가지고 있지 않다는 것을 인정했다.

33. 저희 온라인 경매를 통해 판매된 모든 상품들은 거의 새 상태이며, 30일 동안 환불이 가능한 보증서가 딸려 있습니다.

34. 그 섬의 동해안은 관광객들에게 쇼핑과 관광에 대한 수많은 선택지들을 제공한다.

35. 저희는 훌륭한 고객 서비스를 제공하고 싶기 때문에, 모든 문의는 즉각적으로 처리되어야 합니다.

36. 오늘 아침 발표된 성명에서, 그랙슬리 사의 대표 이사는 회사의 전국적인 채용 프로그램에 대해 간략히 설명했다.

37. 의회는 스카이웨이 스타디움 반대편의 부지에 대한 최선의 사용 방법에 대해 제안사항들을 모으기 위해 온라인 여론 조사를 게시했다.

38. 모든 근로자들은 연장된 점심 휴게시간을 가지기 전에 부장님의 허가를 받아야 합니다.

39. 건물 관리자는 공동 구역에 대한 새로운 청소 일정에 관한 주민들의 협조에 감사하고 있습니다.

40. 케네디 비즈니스 협회의 회원들은 모든 세미나에 대해 반값 입장 허가를 받는다.

DAILY QUIZ

7.

해석 딕시 쇼핑몰에 있는 에스컬레이터들은 정기적인 유지보수 작업을 거치는 동안 전원이 꺼져 있을 것이다.

해설 빈칸에 쓰일 어휘는 에스컬레이터라는 기계가 정기적으로 거칠 수 있는 일을 나타내야 하므로 '유지(보수)' 등을 뜻하는 (B)가 정답이다.

어휘 **undergo** ~을 거치다, 겪다 **routine** 정기적인 **preference** 선호(하는 것) **maintenance** 유지(보수) **instruction** 지시, 안내 **transfer** 이동, 전근

8.

해석 회사의 정책에 따르면, 바구니와 쇼핑 카트, 그리고 기타 슈퍼마켓의 자산은 매장 주차장 외부로 가져갈 수 없다.

해설 빈칸에는 바구니와 쇼핑 카트 등의 물품을 아우를 수 있는 것으로서 매장 주차장 밖으로 가져갈 수 없는 모든 물품을 나타낼 어휘가 필요하므로 '재산, 대지'를 뜻하는 (C)가 정답이다.

어휘 **according to** ~에 따르면 **policy** 정책, 방침 **property** 재산, 대지 **competitor** 경쟁사, 경쟁자

Day 03 명사 ②

표제어 문제 정답 및 해석

1. (B)	**2.** (A)	**3.** (A)	**4.** (A)	**5.** (B)
6. (B)	**7.** (B)	**8.** (B)	**9.** (A)	**10.** (B)
11. (B)	**12.** (A)	**13.** (B)	**14.** (A)	**15.** (A)
16. (B)	**17.** (B)	**18.** (B)	**19.** (B)	**20.** (A)
21. (B)	**22.** (A)	**23.** (A)	**24.** (B)	**25.** (B)
26. (B)	**27.** (B)	**28.** (A)	**29.** (B)	**30.** (B)
31. (A)	**32.** (A)	**33.** (A)	**34.** (B)	**35.** (B)
36. (B)	**37.** (B)	**38.** (B)	**39.** (B)	**40.** (A)

1. 도서관 회원들의 하나의 공통적인 불만사항은 충분한 단체 학습 공간이 없다는 것이다.

2. 귀하께서 저희 비즈니스 경영 워크숍에 참석하고 싶으시다면, 5월 31일까지 온라인 등록 양식을 작성 완료해주십시오.

3. 알파 스포츠웨어는 자사의 새로운 텔레비전 광고에 관한 부정적인 의견을 받아왔다.

4. 해외 투자의 전문가인 아서 샌더스 씨는 국제적인 기업들의 주식을 구매하면서부터 부유해졌다.

5. 가수 리차드 프린스 씨는 그의 아이의 출생이 새로운 앨범에 대한 영감의 주요 원천이었다고 말했다.

6. 건강 보건 담당 공무원이 우리 주방의 연례 점검을 수행하기 위해 오늘 식당을 방문할 것이다.

7. 론델 씨는 모든 20개의 지사들로부터 매출 보고서를 받은 후에 회사의 연례 수치에 대해 보고할 것이다.

8. 소비자들의 증가하는 수요에 응답하여, 라이젠 가전제품은 자사의 냉장고의 생산을 두 배로 만들었다.

9. 맹그로브 비치 리조트는 제트스키와 스노클링과 같은 다양한 수상 활동 선택지들을 제공한다.

10. 새로운 펀랜드 복합단지는 이번 여름에 개장할 때 광범위하게 다양한 오락시설들을 제공할 것이다.

11. 산체스 씨는 다음 주에 밀란에서 카트리나 벨라스케스 패션 쇼에 참석하도록 초대를 받았다.

12. 블루파이어 게임회사는 아시아 시장으로의 확장의 일환으로 타네카 소프트웨어 사를 인수하는 것을 희망한다.

13. 회사에서의 30년 근무에 감사하여, 프리멕스 사는 리차드 씨에게 비싼 손목시계를 선물로 주었다.

14. 예이츠 씨는 우리 회사에 대한 그녀의 뛰어난 노력과 헌신의 보상으로 개선된 계약을 제안받았다.

15. 다음 달의 국내 음악 시상식은 11번 채널에서 전국적으로 방송될 것이다.

16. 지난주에 마닐라에서 컨퍼런스에 참석했던 영업 임원들은 환급을 위해 영수증을 제출해야 한다.

17. 9월마다, 리치필드 협회는 성공적인 비즈니스 소유주들에 의해 진행되는 일련의 워크숍을 주최한다.

18. 니트로 비버리지 사는 올해 자사의 국내 시장 점유율을 증가시키는 것을 가장 높은 우선순위로 두었다.

19. 올크로프트에 있는 그린그로 슈퍼마켓의 지점은 지난 6개월 동안 맥스 할그레이브스 씨의 관리 하에 있다.

20. 제약 컨퍼런스 등록비는 숙소와 교통 비용을 포함한다.

21. 모바일 게임 개발자들 사이의 증가하는 경쟁은 게임의 품질에서의 상당한 향상으로 이어졌다.

22. 헤리티지 트러스트는 기관에 소중한 기부를 해준 모든 사람들에게 감사를 표했다.

23. 레인 씨의 보고서는 기술의 간결한 설명뿐만 아니라 그것의 이점의 철저한 분석을 포함한다.

24. 5번가는 도시에서 골동품 매장들의 밀도가 가장 높은 본거지다.

25. 만약 귀하께서 교통편이 필요하시다면, 총회 웹사이트에서 셔틀버스 일정을 보시기 바랍니다.

26. 800달러를 넘는 액수에 대한 모든 모바일 거래는 은행 앱을 사용함으로써 승인 받아야 한다.

27. 직원 회의 중에, 포브스 씨는 운영 부장 직무에 지원한다는 그의 의사를 알렸다.

28. 매장 할인을 이용하길 원하신다면, 리츠 백화점 멤버십에 오늘 가입하세요.

29. 여러 주요 버스 노선 근처에 위치해 있어, 대중교통으로의 어드벤처 랜드의 접근성은 그 장소를 편리한 목적지로 만든다.

30. 말로위 씨는 이메일로 고객 불만사항에 응답하는 업무를 받았다.

31. 이 점검의 목적은 공장이 전면 가동 중이며 완전히 효율적으로 운영하고 있다는 것을 보증하기 위해서이다.

32. 싱 씨는 지난 20년 동안 우리 회사에 인상깊은 헌신을 보여주었다.

33. 음악 페스티벌이 온라인 매표 체계의 어려움 때문에 연기되었다.

34. 핏메이트 스마트워치는 심박수, 호흡율, 그리고 수면 패턴을 추적 관찰하는 능력을 지녔다.

35. 첸의 국수 가게는 더 가격이 저렴한 배달 서비스로 수익성 있는 전환을 했다.

36. 저희는 10년 동안 영업을 해왔고, 이 중요한 사건을 기념하기 위해, 11월 22일에 파티를 주최할 것입니다.

37. 펠버그 씨의 관광 여행 일정표는 여러 유명한 박물관과 미술관에 방문하는 것을 포함한다.

38. 과잉 재고를 판매하려는 노력의 일환으로, 스미스 캠핑 굿즈는 최대 50퍼센트까지 일부 가격을 할인하고 있다.

39. 펨브로크 시장의 많은 성과는 환경 친화적인 모노레일 체계를 실행한 것을 포함한다.

40. 라이델 사의 많은 제조 기계들은 안전 규정을 준수하기 위해 변경되어야 했다.

DAILY QUIZ

7.

해석 그레이 씨는 40년간의 회사 재직을 인정받아 금시계를 제공받았다.

해설 빈칸 앞뒤에 각각 위치한 전치사 in, of와 어울리는 어휘가 필요하므로 이 둘과 함께 '~을 인정하여'라는 의미를 구성할 때 사용하는 (C)가 정답이다.

어휘 **be presented with** ~을 제공받다 **in recognition of** ~을 인정하여 **service** 재직,

근무 achievement 성취, 업적

8.

해석 마이클 아코나 씨는 케냐와 우간다 같은 여행 목적지에서 야생 동물 보호 운동을 조직적으로 펼친다.

해설 빈칸에는 예시를 나타내는 such as 뒤에 위치하는 어휘들이 속할 수 있는 범주에 해당되는 어휘가 와야 한다. 케냐와 우간다와 같은 국가명을 나타낼 수 있는 '(여행) 목적지, 도착지'를 뜻하는 (C)가 정답이다.

어휘 coordinate ~을 조직적으로 펼치다, 조정하다 conservation 보호, 보존 effort (조직적인) 운동, 활동 destination (여행) 목적지, 도착지 initiative (조직적인) 계획, 운동

Day 04 명사 + 명사 콜로케이션

표제어 문제 정답 및 해석

1. (B)	2. (A)	3. (B)	4. (A)	5. (B)
6. (B)	7. (B)	8. (A)	9. (B)	10. (B)
11. (B)	12. (B)	13. (B)	14. (B)	15. (A)
16. (B)	17. (A)	18. (B)	19. (B)	20. (A)
21. (A)	22. (B)	23. (B)	24. (A)	25. (A)
26. (A)	27. (A)	28. (A)	29. (B)	30. (B)
31. (A)	32. (A)	33. (B)	34. (A)	35. (B)
36. (A)	37. (A)	38. (B)	39. (B)	40. (A)

1. 제품 설명서는 자세히 설명된 조립 설명서와 그림들을 포함한다.

2. 지원금에 대한 신청서를 제출하기 전에, 예산 요건을 충족했는지 확인하시기 바랍니다.

3. 작년에 성과 기반의 급여 인상을 도입한 이래로, 허자 테크놀로지 사는 직원 생산성의 극적인 증가를 경험해왔다.

4. 이사회는 매달 5,000달러를 출장 비용으로 할당하기로 합의했다.

5. 몇 달 간의 준비 끝에, 시청이 건축 허가를 발급하자마자 마침내 건설 프로젝트가 착수되었다.

6. 그 IT팀은 회사 본사에 있는 중앙 통제 시스템을 업그레이드할 계획이다.

7. 존스 씨는 업계에서 15년 이상의 경력을 갖춘 생산 관리자 직책에 가장 적합한 지원자이다.

8. 오래된 기계의 교체는 이미 우리의 조립 과정의 효율을 10퍼센트까지 높였다.

9. 증가하는 운영비로 인해, 블루스카이 항공사는 일부 아시아 노선의 운항을 중단하기로 결정했다.

10. 에드워드 씨는 부동산 중개인에게 그가 300명의 직원들을 수용하기에 충분한 사무 공간이 필요하다는 것을 말했다.

11. 도시 지역에서의 인구 증가는 공공 서비스에 대한 더 큰 수요로 이어졌다.

12. 기획 위원회는 화요일에 상급 관리자 직책의 후보자를 논의하기 위해 모일 것이다.

13. 모든 카예 백화점 직원들에게, 휴가 요청은 반드시 인사부에서 승인되어야 한다.

14. 시 박람회에 다시 참석하고 싶은 음식 판매자들은 허가증을 위해 갱신 지원서를 제출해야 한다.

15. 스텐하우스 가구 사는 시의 경계 외부로 배달되는 주문들에 더 높은 서비스 요금을 부과한다.

16. 글렌필드 시 의회는 도시 개선 프로젝트를 위한 대규모의 자금을 확보했다.

17. 컨퍼런스 등록은 5월 4일에 시작해 월말까지 계속 이어질 것이다.

18. 최근 자동차 부품 가격의 급격한 인상은 2주 이상의 운송 지연이라는 결과를 낳았다.

19. 목요일에 라일리 씨가 공식적으로 승진되면, 즉시 관리 직무를 맡게 될 것이다.

20. 회사의 개인정보 보호정책에 따르면, 고객 정보는 절대 제3자와 공유되지 않는다.

21. 만료 일자가 저희 웹 사이트의 각 구독자 계정 페이지에 명확하게 명시되어 있습니다.

22. 티렐 씨는 비용을 낮추기 위한 노력의 일환으로 배송 계약을 재협상했다.

23. 인사부장은 모든 신입사원들이 그들의 직무에 완전히 준비되는 것을 확실히 하기 위해 네 개의 교육 시간 일정을 잡았다.

24. 엑스셀 디지털 솔루션 사는 다양한 업계의 고객들을 위한 성공적인 온라인 홍보 캠페인을 만들었다.

25. 더 생산적인 근무 환경을 만들기 위해, 비트포 테크놀로지 사는 모든 직원들에게 새로운 인체공학적 사무실 가구를 제공했다.

26. 방문객들이 건축 현장에 들어가는 것을 허가받기 전에, 필수 안전 장비를 반드시 착용해야 한다.

27. 프라이빗 미술관에서의 미술 전시회 개막식 밤에, 린다 카렌자 씨는 참석자들에게 그녀의 작품에 대해 말했다.

28. 이번 주말의 올해의 젊은 영화제작자 시상식은 시포스 강당에서 개최될 것이다.

29. 고객 충성도를 향상시키기 위해, 마제스틱 케이터링 사는 현재 장기 고객들에게 할인을 제공한다.

30. 최근 여러 희귀 식품에 대한 엄격한 정부 규제가 그것들의 가격이 급등하는 것을 야기했다.

31. 바 씨는 예산 분배 계획을 마무리하기 위해 영업부, 마케팅부, 그리고 인사부의 재정적인 필요성을 결정할 것이다.

32. 모든 직원들은 식당의 보건안전 규정을 준수해야 하며, 그렇지 않으면 규제 조치가 취해질 것입니다.

33. 바닥 보수공사가 약 3개월 정도 걸릴 것이며, 건물의 바닥 면적을 15퍼센트 증가시킬 것이다.

34. 카릴토 토레스 씨는 인도네시아나 말레이시아와 같은 관광지로 가는 음식을 주제로 한 여행들을 기획한다.

35. 일정 금액을 초과하는 특정 은행 거래들에 대해, 저희는 고객들이 은행 관리자와 직접 만날 것을 요청드립니다.

36. 대사관은 모든 여권 갱신과 재발급에 대해 처리 비용을 부과한다.

37. 배송 영수증을 제출하기 전에, 목록에 들어있는 모든 상품들이 좋은 상태인지 확인하시기 바랍니다.

38. 대표이사가 12월 29일에 있는 연말 연회에서 우리의 연례 매출 수치를 발표할 것이다.

39. 재택근무 선택권은 많은 직원들에게 집 또는 다른 원격 위치에서 일할 수 있는 유연성을 제공한다.

40. 모든 밥스 버거 지점의 직원들은 점심을 위한 2시간의 식사 시간이 주어진다.

DAILY QUIZ

7.

해석 고객님께서는 저희 유제품의 어느 것이든지 소비하시기 전에 유통 기한을 확인하셔야 합니다.

해설 빈칸에는 고객들이 유제품을 소비할 때 확인해야 하는 대상을 나타내면서 빈칸 앞에 제시된 명사와 의미상 어울리는 어휘가 필요하므로 expiration과 함께 '유통 기한, 만료 일자'라는 의미를 가지는 (C)가 정답이다.

어휘 **expiration date** 유통 기한, 만료 일자 **dairy product** 유제품

8.

해석 웰링 씨는 샌디아고 사무실로부터 온 데이터를 취합한 후에 우리의 일 매출 수치를 발표할 것이다.

해설 빈칸에는 동사 announce의 목적어 역할을 할 수 있으면서 다른 사무실로부터 받아야 하는 대상을 나타낼 수 있는 어휘가 와야 하므로 빈칸 앞에 제시된 명사 sales와 함께 '매출 수치'를 뜻하는 (D)가 정답이다.

어휘 **sales figure** 매출 수치 **compile** ~을 취합하다, 모으다 **measure** 조치 **instruction** 지시

Day 05 기출 동의어 ①

표제어 문제 정답

1. (B)	**2.** (B)	**3.** (B)	**4.** (B)	**5.** (B)
6. (A)	**7.** (B)	**8.** (A)	**9.** (B)	**10.** (A)
11. (A)	**12.** (A)	**13.** (A)	**14.** (B)	**15.** (B)
16. (A)	**17.** (B)	**18.** (A)	**19.** (B)	**20.** (A)
21. (B)	**22.** (B)	**23.** (B)	**24.** (A)	**25.** (B)
26. (B)	**27.** (B)	**28.** (A)	**29.** (A)	**30.** (A)

DAILY QUIZ

1.

해석 IT 부서는 서버 다운으로 인해 긴급한 상황에 직면해 있어, 주요 서비스들을 복구하기 위해 즉각적인 주의가 필요합니다. 그 팀은 문제를 해결하고 중단 시간을 최소화하기 위해 부단히 노력하고 있습니다.

해설 서버 다운으로 인해 중요한 서비스 복구를 위한 즉각적인 주의가 필요하다고 하므로 '중대한, 긴급한' 상황임을 알 수 있다. 따라서 이러한 의미를 지닌 (C)가 정답이다.

어휘 face ~에 직면하다 server outage 서버 다운 require ~을 필요로 하다 immediate attention 즉각적인 관심 restore ~을 복원하다, 복구하다 tirelessly 지치지 않고 resolve ~을 해결하다 downtime 컴퓨터가 작동하지 않는 시간 essential 필수적인 urgent 긴급한

2.

해석 다가오는 테니스 선수권 대회는 전국에서 수천 명의 테니스 팬들을 끌어 모을 것이라고 예상되면서 엄청난 기대를 불러일으키고 있습니다. 최고의 선수들이 챔피언이 되기 위해 경쟁하는 가운데, 관중들은 스릴 넘치는 경기와 숨막히는 기

술 발휘를 보길 열망하고 있습니다.

해설 엄청난 기대를 불러 일으키는 테니스 선수권 대회는 전국 각지로부터 테니스 팬들을 끌어들일 것으로 예상되는 대회이므로 (B)가 정답이다.

어휘 upcoming 다가오는, 곧 있을 immense 거대한, 대단한 anticipation 기대감 compete for ~을 갖기 위해 경쟁하다 title (스포츠) 타이틀, 챔피언십 spectator 관중 be eager to do 몹시 ~하고 싶어하다 thrilling 스릴 있는 match 경기 breathtaking 매우 멋진 display n. 보여주기

3.

해석 저희 매장에서는 고객들이 적절한 가격에 최고의 제품과 서비스를 누리도록 하는 것에 자부심을 갖고 있습니다. 저희의 가격은 합리적이고 신중하게 책정되어 고객에게 최고의 가치를 제공합니다.

해설 가격이 적절하고(affordable), 신중하게 책정되었다는(carefully evaluated) 내용에서 가격이 합리적이라는 것을 알 수 있으므로 (B)가 정답이다.

어휘 take pride in ~에 자부심을 갖다 ensure that 반드시 ~하도록 하다 fair 가격이 합리적인 evaluate ~을 평가하다, 감정하다 utmost 최고의 clientele 의뢰인들, 고객들 objective 객관적인 generous 후한

Week 01 실전 TEST

---

1. (C)	**2.** (C)	**3.** (B)	**4.** (D)	**5.** (A)
6. (A)	**7.** (D)	**8.** (C)	**9.** (C)	**10.** (A)
11. (B)	**12.** (D)	**13.** (C)	**14.** (B)	**15.** (A)
16. (C)	**17.** (D)	**18.** (C)		

1. (A) They're facing each other.

(B) They're preparing some food.

(C) The man is pouring some liquid into a cup.

(D) The woman is sipping from a mug.

(A) 사람들이 서로 마주보고 있다.

(B) 사람들이 음식을 준비하고 있다.

(C) 남자가 컵에 액체를 따르고 있다.

(D) 여자가 머그잔에 든 것을 조금씩 마시고 있다.

어휘 face ~을 마주보다 prepare ~을 준비하다 pour A into B A를 B에 따르다 liquid 액체 sip from ~에 든 것을 조금씩 마시다

2. (A) The man is trimming some bushes.

(B) The man is loading some logs into a vehicle.

(C) The man is pushing a wheelbarrow.

(D) The man is wearing a safety helmet.

(A) 남자가 일부 관목을 다듬고 있다.

(B) 남자가 일부 통나무를 차량에 싣고 있다.

(C) 남자가 외바퀴 손수레를 밀고 있다.

(D) 남자가 안전모를 착용한 상태이다.

어휘 trim ~을 다듬다, ~을 손질하다 bush 관목, 덤불 load A into B A를 B에 싣다 vehicle 차량 wheelbarrow 외바퀴 손수레 wear (상태) ~을 착용하다

3. (A) They're watering some plants.

(B) They're working in a garden.

(C) The woman is putting on her boots.

(D) The man is sweeping the ground.

(A) 사람들이 일부 식물에 물을 주고 있다.

(B) 사람들이 정원에서 일하고 있다.

(C) 여자가 장화를 착용하는 중이다.

(D) 남자가 땅바닥을 빗자루로 쓸고 있다.

어휘 water v. ~에 물을 주다 put on (동작) ~을 착용하다 sweep ~을 빗자루로 쓸다

4. (A) He's cutting down a tree.

(B) He's inserting a cord into an outlet.

(C) He's pointing at the ceiling.

(D) He's kneeling down on the floor.

(A) 남자가 나무를 잘라 쓰러뜨리고 있다.

(B) 남자가 전기코드를 콘센트에 삽입하고 있다.

(C) 남자가 천장을 가리키고 있다.

(D) 남자가 바닥에 무릎을 꿇고 있다.

어휘 cut down ~을 잘라 쓰러뜨리다 insert A into B A를 B에 삽입하다 outlet 콘센트 point at ~을 가리키다 ceiling 천장 kneel down 무릎을 꿇다

5.

해석 잭슨 & 리 헬스 서플라이 사는 구매 3일 이내에 자사의 영양 보충제에 대한 배송을 보장한다.

해설 빈칸에 들어갈 어휘는 제품 구매 후 3일 이내에 이뤄지며 회사가 보장할 수 있는 대상을 나타내야 하므로 '배송, 배달'을 의미하는 (A)가 정답이다.

어휘 assure ~을 보장하다, 장담하다 nutritional 영양상의 supplement 보충(제) delivery 배송, 배달 advance 발전, 진보 expense 지출(액), 경비

6.

해석 월간 직원 교육 워크숍을 확립하겠다는 뷰몬트 씨의 제안이 오늘 아침 이사회 임원들로부터 승인을 받았다.

해설 빈칸에는 동사 received의 목적어 역할로서 제안사항에 대해 이사회로부터 받을 수 있는 것을 나타내야 하므로 '승인'을 의미하는 (A)가 정답이다.

어휘 establish ~을 확립하다, 설립하다 approval 승인 invitation 초대(장) election 선거, 투표

7.

해석 지메네즈 씨와 우 씨는 올해의 직원 워크숍을 위한 장소 및 활동들과 관련해 서로 동의한다.

해설 빈칸에는 특정 대상에 대한 두 사람 사이의 의견 일치를 나타낼 수 있는 어휘가 필요하므로 '동의, 합의'라는 의미의 (D)가 정답이다.

어휘 regarding ~와 관련해 comprehension 이해(력) verification 입증, 확인 fulfillment 이행, 완수 agreement 동의, 합의, 계약

8.

해석 문스터 주식회사는 직원들에게 다양한 승진 기회와 주기적인 교육을 제공한다.

해설 빈칸에는 빈칸 앞뒤의 부정관사 a와 전치사 of 와 함께 회사가 제공하는 다양한 것을 나타낼 수 있는 어휘가 필요하다. 따라서 a와 of와 결합해 '다양한'이라는 의미를 구성하는 (C)가 정답이다.

어휘 career advancement 승진 position 직책, 일자리 variety 다양성 promotion 승진, 홍보

9.

해석 쉐라톤 로드는 하트포드의 도시에서 고급 식당들이 가장 많이 밀집해 있는 중심지이다.

해설 빈칸에는 빈칸 앞에 위치한 최상급 largest의 수식을 받아 한 지역에 여러 식당들이 모여 있는 상태를 나타낼 수 있는 어휘가 필요하므로 '밀집, 밀도, 집중' 등을 의미하는 (C)가 정답이다.

어휘 home to ~의 중심지, 본고장 fine 고급의 dining establishment 식당 appointment 예약, 약속 concentration 밀집, 밀도, 집중

10.

해석 파이브 스타즈 사는 어떤 경우에도 적절한 공연 목록의 다양한 노래들을 준비할 수 있다.

해설 빈칸에는 다양한 노래들이 사용될 수 있는 상황을 나타낼 어휘가 필요하므로 '경우, 사건' 등을 뜻하는 (A)가 정답이다.

어휘 setlist 공연 목록 appropriate 적절한 occasion 경우, 사건 vacancy 공석

11.

해석 로퍼 주식회사는 스팰딩 스트리트의 길먼 빌딩에 새로운 사무 공간을 낸다고 발표했다.

해설 빈칸에는 빈칸 앞에 제시된 명사와 함께 새로 개장한 대상이 되는 장소 어휘가 필요하다. 따라서 office와 함께 '사무 공간'을 뜻하는 (B)가 정답이다.

어휘 opening 개장 brand-new 새로운 office space 사무 공간

12.

해석 라일리 메뉴팩처링 사에서 조립 라인 관리자 직책을 위한 면접이 일주일 내내 진행될 것이다.

해설 빈칸에는 빈칸 앞에 제시된 명사와 함께 면접이 진행되어야 하는 이유를 나타낼 어휘가 필요하므로 manager와 함께 '관리자 직책'을 뜻하는 (D)가 정답이다.

어휘 hold an interview 면접을 진행하다 all week 일주일 내내 assembly 조립 manager position 관리자 직책 outline 개요 arrangement 예약, 준비

13-16.

수신: <manager@housingconnection.com>
제목: 구매 가능한 아파트

담당자분께,

저는 지난주 대학신문에 있었던 귀사의 광고에 **13** 응답하여 이메일을 씁니다. 저는 귀사가 학생들을 위해 알맞은 가격의 주택 선택지를 찾아주는 것을 전문으로 한다는 것을 알고 있고, 귀사의 서비스를 이용하는 것에 관심이 있습니다. **14** 저에게는 몇 개의 기준이 있습니다.

첫째로, 저는 현재 차량을 소유하고 있지 않기 **15** 때문에 캠퍼스에서 걸어갈 수 있는 위치의 아파트가 필요합니다. 다음으로, 저는 두 명의 친구와 함께 임대료를

나눠 내고 싶기 때문에, 침실이 3개인 아파트가 이상적일 것입니다. 마지막으로, 저희 부모님 집에 고양이가 있는데, 저는 내년에 이 고양이를 데려오고 싶습니다.

만약 제가 적합한 장소를 찾는 것을 도와주실 수 있다고 생각하시면, 이 주소로 회신을 보내주십시오. 저는 또한 귀하가 보통 상담에 대해 어떤 유형의 **16** 요금을 청구하는지도 알고 싶습니다. 귀하로부터의 연락을 기다리고 있겠습니다.

안녕히 계십시오,

레지 맥도날드

어휘 **edition** (신문, 잡지의) 판, 호 **specialize in** ~을 전문으로 하다 **within walking distance** 걸어갈 수 있는 위치인, 도보 거리에 **rent** 임대료 **ideal** 이상적인 **suitable** 적합한 **typically** 보통, 전형적으로 **charge** ~을 청구하다

13.

해설 빈칸 앞뒤에 전치사 in과 to가 있으므로 빈칸은 전치사의 목적어 역할을 할 명사 자리이다. 따라서 선택지 중 명사인 (B)와 (C) 중에서 골라야 하는데, response가 '~에 응답하여'라는 뜻으로 사용될 때는 셀 수 없으므로 (C)가 정답이다.

14.
(A) 저는 지금까지 그 서비스에 만족합니다.
(B) 저에게는 몇 개의 기준이 있습니다.
(C) 그 기사를 보내주셔서 감사합니다.
(D) 그 아파트는 점검을 위한 준비가 되어 있습니다.

해설 빈칸 다음 문단에서 글쓴이는 First, Next, Finally와 같은 부사를 이용하여, 원하는 아파트의 조건을 순서대로 설명하고 있다. 따라서 그 조건을 구체적으로 언급하기 전에, 선택 기준을 가지고 있음을 먼저 언급하는 것이 자연스러우므로 (B)가 정답이다.

어휘 **so far** 지금까지 **criteria** 기준(criterion의 복수형) **inspection** 점검, 조사

15.

해설 빈칸 앞뒤로 두 개의 완전한 절이 제시되어 있고, 빈칸 앞에는 도보 거리를, 빈칸 뒤에서는 자동차가 없다는 사실을 언급하고 있으므로 자동차가 없는 것이 도보 거리의 아파트를 원하는 이유라고 생각할 수 있다. 따라서 이유를 나타내는 접속사 (A)가 정답이다.

어휘 **as** ~ 때문에 **though** 비록 ~일지라도 **therefore** 그러므로, 따라서 **due to** ~로 인해

16.

해설 빈칸에는 빈칸 뒤에 있는 동사 charge의 목적어 역할을 할 수 있는 어휘가 들어가야 하는데, charge가 '(요금, 비용)을 청구하다'라는 의미이므로 '요금, 수수료'라는 의미의 (C)가 정답이다.

어휘 **property** 재산, 소유권 **fee** 요금, 수수료

17-18.

> **볼텍스 엔터테인먼트의 대표이사,
> 새로운 비행기를 구입하다**
>
> 글·콜린 모로우
>
> 로스앤젤레스 (7월 30일) – 음악과 영화제작사인 볼텍스 엔터테인먼트의 대표이사 마틴 비아누찌 씨가 슬립스트림 500 전용기를 구입하고, "비아누찌 원"이라고 이름 지었다. 그는 어제 시상식을 위해 뉴욕으로 비행할 때 이 비행기에 처음으로 탑승했다.
>
> 이 "비아누찌 원"은 총 13,900파운드의 추진력을 만들어내는 2개의 랜드 마크 엔진을 자랑한다. 비록 이 비행기의 강력한 엔진이 다른 비행기들의 엔진보다 더 많은 소음을 낼지라도, 새롭게 갖춰진 고급 흡음 시스템 때문에 기내에서는 소음을 전혀 들을 수가 없다. 이 비행기는 승무원과 승객들을 가득 태웠을 때, 8,065km까지의 인상적인 거리를 이동할 수 있다.
>
> **17** 비아누찌 씨의 새로운 비행기는 그의 예전 비행기만큼 많은 좌석이 있지는 않지만, 매우 다양한 현대식 편의시설과 기술들이 함께 제공된다. 하지만 이 비행기를 **18** 운행하는 데 드는 총 비용은 연간 약 1백만 달러가 될 것이다.

어휘 name ~의 이름을 짓다 board ~에 탑승하다 boast ~을 자랑하다 thrust power 추진력 lb 파운드(중량의 단위) cabin 기내, 선실 newly-equipped 새롭게 갖춰진 sound-absorbing 흡음의 distance 거리 up to ~까지 seat 좌석이 있다 come with ~이 함께 제공되다, ~이 딸려오다 a wide array of 매우 다양한

17. 비아누찌 씨의 새로운 비행기는 이전 비행기와 어떻게 다른가?

(A) 더 강력한 엔진을 가지고 있다.

(B) 기내에서 더 많은 소리가 난다.

(C) 더 오랜 시간 동안 비행할 수 있다.

(D) 더 적은 승객을 수용한다.

해설 지문의 마지막 문단에 '그의 예전 비행기만큼 많은 좌석이 있지는 않다'는 내용이 언급되어 있다. 따라서 (D)가 정답이다.

어휘 duration 시간, 기간 accommodate ~을 수용하다

18. 세 번째 단락, 세 번째 줄에 있는 단어 "running" 과 의미가 가장 가까운 것은 무엇인가?

(A) 여행하는

(B) 탑승하는

(C) 작동시키는

(D) 승인하는

해설 제시된 단어가 포함된 문장의 의미가 '그 비행기를 운행하는 총 비용이 연간 1백만 달러가 될 것'이라는 의미이므로 '작동시키는, 운영하는'이라는 뜻의 (C)가 정답이다.

시원스쿨LAB